누구나
쉽고 재미있게

사고력 수학

노크

PA7

(7~8세)

입체도형

이 책을 보시는 부모님들께

머리가 좋아야 수학을 잘 한다는 말이 있습니다. 또, 수학을 잘 못하는 아이는 아빠, 엄마의 머리를 물려받아서 그렇다는 등의 난데없는 유전자 논쟁이 벌어지기도 합니다. 하지만 많은 사람들의 일반적인 생각과는 달리 이는 근거없는 이야기입니다. 외국의 한 연구 기관에서 언어, 사회, 수학, 과학의 네 가지 분야 중 어떤 것이 아동의 선천적 재능에 영향을 받는지 조사한 연구 결과를 발표했는데 일반적인 예상과는 다르게 선천적 재능에 영향을 받는 순서는 사회, 언어, 과학, 수학 순이었습니다. 다시 말해, 수학은 여러 학문 분야 중 선천적인 재능보다는 후천적인 환경이나 교육자, 학습자의 노력에 가장 큰 영향을 받는 학문이라 볼 수 있습니다. 수학의 가장 기본이 되는 '수 영역'의 예를 들어 보겠습니다. 아이들이 수를 처음 접하는 시기의 차이는 있지만 실제 수에 대한 감각과 수를 다루는 연습은 생활 속에서의 체험이나 다양한 활동, 학습 속에서 이루어집니다. 즉, 수학의 가장 기본이 되는 수는 선천적으로 가진 재능과는 거의 연관이 없으며 자라나면서 어떤 환경에 놓이는지, 얼마나 많이 수를 생각할 수 있는 기회가 있는지, 나이에 맞는 올바른 학습을 만날 수 있는지에 좌우됩니다. 그러므로 아이의 수학적 발달에 문제가 있다면, 그 아이가 누구를 닮아서 그런지, 지능이 떨어지는지를 따질 것이 아니라 수학적 힘을 기를 수 있는 학습 환경을 어떻게 만들어줄 것인가를 고민해야 합니다.

국제영재교육연구소의 랜즐리 소장은 영재의 기준을 마련하기 위해 여러 연구를 시행한 결과, 영재의 공통적인 특징들을 발견하였습니다. 첫째는 115 이상의 지능지수(IQ), 둘째는 창의력(Creativity), 셋째는 동기적 요소라고 부르는 끈질긴 근성과 과제집착력이었습니다. 이들 세 가지 요소 역시 선천적으로 타고 나는 부분도 물론 있겠지만 대부분 후천적인 학습이나 교육 활동을 통해 기를 수 있는 능력이라는 데에 이의를 제기하기는 힘듭니다.

이 처럼 수학적 능력은 후천적 학습 환경에 주로 좌우되며, 특히 어린 시절에는 그러한 경향이 더더욱 두드러집니다. 하지만 우리의 아이들을 둘러싼 수학적 환경을 다시 한 번 돌아봅시다. 초등학교를 들어가기 전부터 과도한 학습량과 무의미한 반복 활동, 이후의 수학 학습에 오히려 방해가 될 정도로 무리한 선행 학습 등의 환경은 아이의 수학적 힘을 길러주기보다는 수학에서 가장 중요한 창의적 사고력을 기를 수 있는 기회를 박탈함과 동시에 수학에 대한 흥미를 급속하게 떨어뜨리게 하여 수학으로 문제를 해결하려는 의지, 즉 수학적 동기를 스스로에게 부여하는 것을 불가능하게 만들어 버립니다. 중요한 것은 남들보다 먼저, 그리고 더 많이 수학적 지식을 머리 속에 주입하는 것이 아니라 태어나서부터 누구나 가지고 있는 수학에 대한 관심, 그리고 수학으로 생각하는 힘을 일깨워주는 것입니다.

수학을 잘할 수 있는 힘,

수학적 잠재력은 이미 여러분 아이들의 머릿 속에 줄곧 있어왔습니다. 단지 어떤 아이는 그것을 찾아내어 드러낼 수 있었고, 어떤 아이는 꼭꼭 숨긴 채 평생 드러나지 않을 뿐입니다. 이러한 수학적 잠재력에 대한 참신한 자극 – 생각을 두드리는 '노크'를 제안하려 합니다. '노크'는 수학적 지식과 스킬만을 무리하게 밀어넣지 않습니다. 왜 수학을 해야 하고, 어떻게 수학으로 가능한지 끊임없이 스스로 생각하게하는 계기로서의 활동이 되려 합니다. 일상으로부터 괴리된 학문으로서의 수학이 아닌, 삶을 살아가며 반드시 키워야 할 논리적, 합리적 사고력을 기를 수 있는 누구에게나 가장 중요한 경쟁력으로서의 수학을 주장합니다. '노크'야말로 새로운 수학 학습의 길을 보여주는 방향타가 될 것입니다.

한 현 조

똑!똑! 사고력 수학
노크의 구성

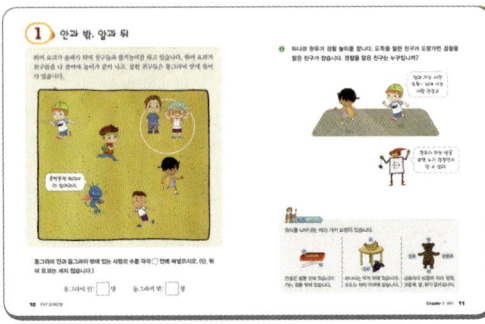

시작 : 생각열기

사고력 수학 주제에 맞는 수학적 상황, 수학사, 생활 속 수학 이야기 등의 자유로운 형식으로 흥미를 유발하고, 수학적 사고를 자극하는 주제별 프롤로그

노크 포인트

문제 해결의 핵심적 원리를 '콕!' 집어서 간결하게 요약한 사고력 수학 주제별 포인트

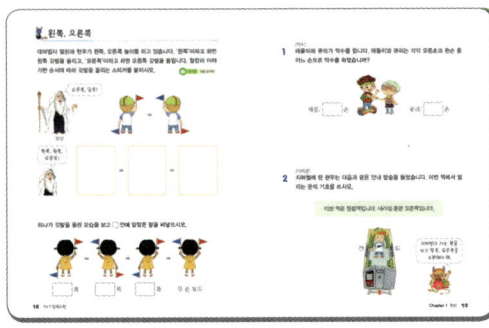

전개 : 유형 탐구

사고력 수학의 대표 유형을 노크만의 새로운 방법으로 차근차근 한 단계씩 익히고 해결하는 단계적 유형 탐구와 이를 통해 익힌 방법적 원리를 적용, 확장하는 확인 문항

수학 요정들의 친절한 충고와 꼬마 요괴들의 밉살스럽지만 유용한 조언으로 어려운 발전 문항의 해결을 돕는 문제 해결 도우미 박스

발전 : 창의적 문제해결력

3개의 사고력 수학 주제를 갈무리하는, 한 차원 높은 창의력과 복합적인 사고력을 요구하는 발전 문항의 끝판왕

마무리 : 정답 및 해설

본문에 그대로 첨삭된 정답과 간략한 풀이 과정을 통한 사고력 수학 활동 피드백으로 마무리

노크
캐릭터 소개

지식을 되찾기 위해 노크랜드로 떠난 모험가 친구들

생각만 하지 말고 직접 해 봐야 해.

한번 시작하면 끝까지 해야지.

생각을 먼저 하면 실수하는 일이 없어.

수학 세상의 모든 일이 궁금해.
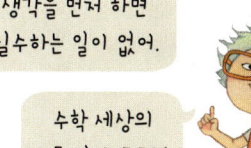

태돌
추진력 대장

현우
끈기 도령

티나
치밀한 전략가

큐리
호기심 해결사

마법사 멀린과 수학 요정

마법사 멀린

노크랜드의 지식의 수호자. 지식을 파괴하려는 대마왕의 음모에 맞서 모험을 떠난 친구들의 든든한 조력자.

아르키메데스

페르마

플라톤

파스칼

피타고라스

가우스

유클리드

오일러

대마왕과 꼬마 요괴

대마왕

노크랜드의 지식의 파괴자. 세계를 차지하기 위해 모든 지식을 없애버리려고 하는 요괴들의 두목.

딴소리

한입

장난

잘난척

딴짓

멍하니

잠만자

대충이

산만해

울보

거꾸로

뛰어

이 책의 차 례

Chapter 3

입체 모양

Chapter 4

공간감각

Chapter 1

위치

안과 밖, 앞과 뒤

뛰어 요괴가 술래가 되어 친구들과 잡기놀이를 하고 있습니다. 뛰어 요괴가 친구들을 다 잡아야 놀이가 끝이 나고, 잡힌 친구들은 동그라미 안에 들어가 있습니다.

동그라미 안과 동그라미 밖에 있는 사람의 수를 각각 ☐ 안에 써넣으시오. (단, 뛰어 요괴는 세지 않습니다.)

동그라미 안: ☐ 명   동그라미 밖: ☐ 명

🎯 티나와 현우가 경찰 놀이를 합니다. 도둑을 맡은 친구가 도망가면 경찰을 맡은 친구가 잡습니다. 경찰을 맡은 친구는 누구입니까?

앞에 가는 사람 도둑~ 뒤에 가는 사람 경찰♬

현우

티나

현우가 하는 말을 보면 누가 경찰인지 알 수 있어.

노크 포인트

위치를 나타내는 여러 가지 표현이 있습니다.

안
밖

연필은 필통 안에 있습니다.
자는 필통 밖에 있습니다.

위
아래

바나나는 탁자 위에 있습니다.
포도는 탁자 아래에 있습니다.

앞
왼쪽
오른쪽
뒤

곰돌이의 방향에 따라 왼쪽, 오른쪽, 앞, 뒤가 달라집니다.

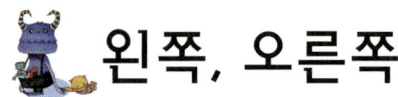 # 왼쪽, 오른쪽

대마법사 멀린과 현우가 왼쪽, 오른쪽 놀이를 하고 있습니다. '왼쪽'이라고 하면 왼쪽 깃발을 올리고, '오른쪽'이라고 하면 오른쪽 깃발을 올립니다. 멀린이 이야기한 순서에 따라 깃발을 올리는 스티커를 붙이시오.

준비물 깃발 스티커

티나가 깃발을 올린 모습을 보고 ☐ 안에 알맞은 말을 써넣으시오.

☐ 쪽   ☐ 쪽   ☐ 쪽   두 손 모두

[악수]

1 태돌이와 큐리가 악수를 합니다. 태돌이와 큐리는 각각 오른손과 왼손 중 어느 손으로 악수를 하였습니까?

태돌: ▢ 손
큐리: ▢ 손

[지하철]

2 지하철에 탄 현우는 다음과 같은 안내 방송을 들었습니다. 이번 역에서 열리는 문의 기호를 쓰시오.

이번 역은 염창역입니다. 내리실 문은 오른쪽입니다.

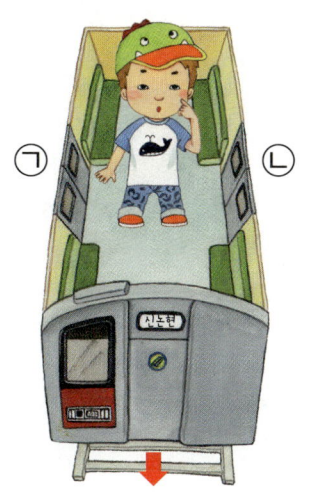

지하철이 가는 쪽을 보고 왼쪽, 오른쪽을 구분해야 해.

 # 위, 아래

꼬마 요괴들이 사는 나무집입니다. 꼬마 요괴들의 이야기를 보고 요괴들의 집과
요괴를 알맞게 선으로 이으시오.

잉잉. 올라가기 너무
힘들어. 난 가장 위에
있는 집에 살아.

울보 요괴

내 집은 울보 요괴
집 바로 아래에 있어.

멍하니 요괴

내 집은 가장
아래에 있어.

잠만자 요괴

잠만자 요괴 집의
바로 윗집에 살아.

한입 요괴

1 **[심부름]**
티나는 부모님을 도와 집안 정리를 합니다.

❶ 아버지의 말을 읽고 신발 스티커를 신발장에 알맞게 붙이시오.

티나야, 네 빨간구두(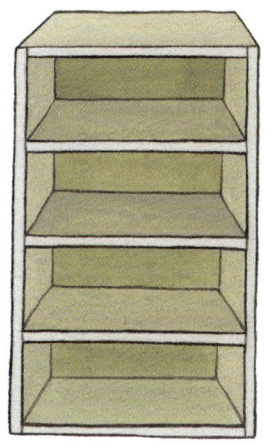)는 가장 아래에 놓고, 아빠 구두(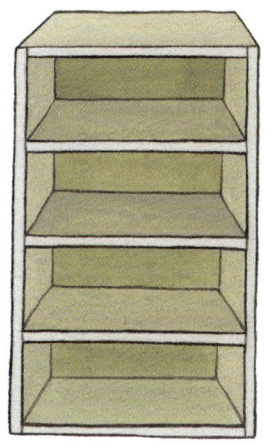)는 가장 위에 놓으렴. 엄마 구두(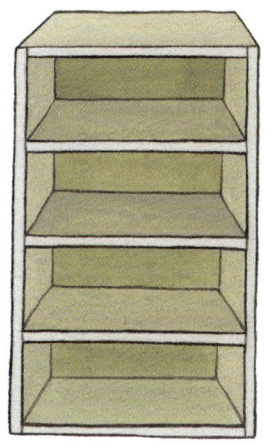)는 아빠 구두 바로 아래, 언니 운동화(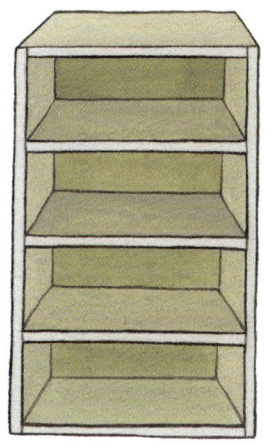)는 네 구두 바로 위 칸에 놓으렴.

티나 아버지

❷ 어머니의 말을 읽고 음식 스티커를 냉장고에 알맞게 붙이시오.

냉장고 가장 위 칸의 빈 곳에 우유()를 넣고, 달걀이 있는 칸의 바로 아래에 꿀단지()를 넣으렴. 수박()은 가장 아래 칸에 넣으면 되겠구나.

티나 어머니

2 위치

그림을 보고 말을 바르게 한 사람을 모두 찾아 이름을 쓰시오.

곰돌이 아래에 새가 있어.

태돌

연못 안에 금붕어가 있고, 연못 밖에 개구리가 있어.

현우

곰돌이 오른쪽에 잠자는 토끼가 있어.

티나

잠자는 토끼 위에 참새가 앉아 있어.

큐리

그림을 보고 알맞은 말을 찾아 ☐ 안에 써넣으시오.

위　　　아래　　　왼

오른　　　앞　　　뒤

- 모자는 아이의 머리 ☐ 에 있습니다.

- 별은 아이의 ☐ 손에 있습니다.

- 선물 상자는 크리스마스 트리의 ☐ 에 있습니다.

노크 포인트

위치를 나타내는 여러 가지 표현을 함께 사용하여 현재의 위치를 나타낼 수 있습니다.

새 아파트

다음은 현재 새들이 살고 있는 아파트입니다. 새들이 대마왕의 명령에 따라 이사를 가려고 합니다. 이사갈 집을 색칠하여 나타내시오.

잘 보고
이사하도록 해!

왼쪽

오른쪽

대마왕

빨간 새, 너는 오른쪽으로 2칸,
아래쪽으로 2칸 움직여서 이사해.
이사하는 집을 빨간색으로 칠하렴.

파란 새, 너는 왼쪽으로 3칸,
위쪽으로 1칸 움직여서 이사해.
이사하는 집을 파란색으로 칠하렴.

노란 새, 너는 오른쪽으로 1칸,
위쪽으로 3칸 움직여서 이사해.
이사하는 집을 노란색으로 칠하렴.

[집 찾기]

1 새들이 자기 집을 이야기하고 있습니다. 아파트에서 각 새들의 집을 찾아 알맞은 새 스티커를 붙이시오.

🧰 준비물 새 스티커

🐉 자리 찾기

다음 조건에 따라 큐리, 티나, 현우의 자리를 찾고 ⬚ 안에 이름을 쓰려고 합니다. 물음에 답하시오.

태돌

조건

1. 태돌이 오른쪽에 큐리가 앉아 있습니다.
2. 태돌이 왼쪽에 현우가 앉아 있습니다.
3. 태돌이 앞에 티나가 앉아 있습니다.

---

❶ 태돌이의 왼쪽은 왼, 오른쪽은 오, 앞은 앞이라고 ◯ 안에 써넣으시오

왼

태돌

❷ ❶을 보고 조건에 맞게 큐리, 현우, 티나의 이름을 써넣으시오.

[둥글게 서기]

1 꼬마 요괴들이 마법의 수정 구슬 둘레에 마법의 수정 구슬을 마주 보며 둥글게 서있습니다. 조건 에 맞게 ▨ 안에 요괴 스티커를 붙이고, 소원을 빌고 있는 요괴는 누구인지 쓰시오.

준비물 요괴 스티커

조건

1. 멍하니 요괴의 왼쪽에 한입 요괴가 있습니다.
2. 멍하니 요괴의 오른쪽에 거꾸로 요괴가 있습니다.
3. 한입 요괴의 왼쪽에 장난 요괴가 있습니다.
4. 거꾸로 요괴의 오른쪽에 잠만자 요괴가 있습니다.

멍하니 요괴

마법의 수정 구슬

매일 새로운 장난을 치게 해주세요.

멍하니 요괴   장난 요괴   거꾸로 요괴   한입 요괴   잠만자 요괴

3 길 따라가기

현우가 정해진 방향대로 길을 따라갑니다.

주어진 방향대로 가는 길을 선으로 나타내고 도착한 곳에 ◯표 하시오.

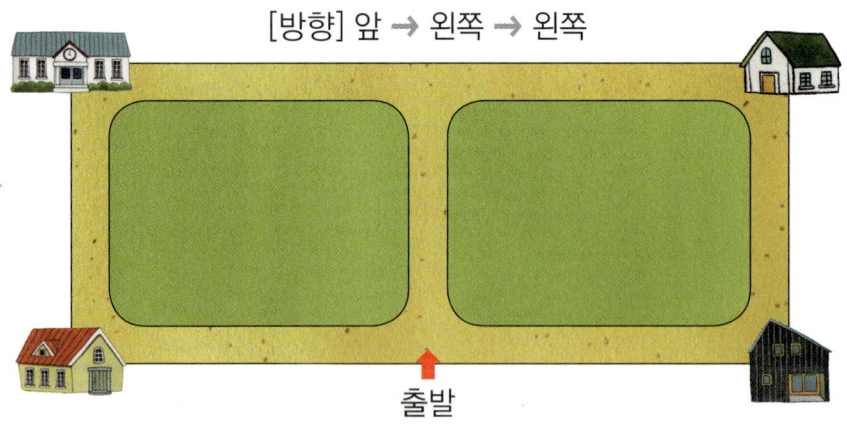

티나가 가는 길을 보고 방향을 올바르게 설명한 것의 기호를 쓰시오.

| ㉠ 앞 → 왼쪽 → 앞 | ㉡ 오른쪽 → 앞 → 오른쪽 |
| ㉢ 앞 → 왼쪽 → 오른쪽 | ㉣ 오른쪽 → 왼쪽 → 오른쪽 |

현우와 출발하는 방향이 다르다는 걸 생각해야 해.

노크 포인트

방향을 바꾸면 왼쪽, 오른쪽, 앞, 뒤가 바뀝니다.

로봇 조종

태돌이의 장난감 로봇은 보기 와 같이 색칠한 버튼에 맞게 갈래길이 나올 때까지 길을 이동합니다. 장난감 로봇이 가는 길을 선으로 나타내시오.

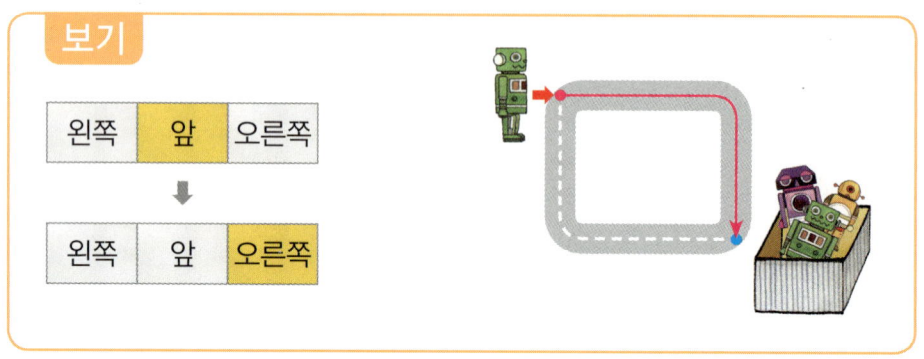

①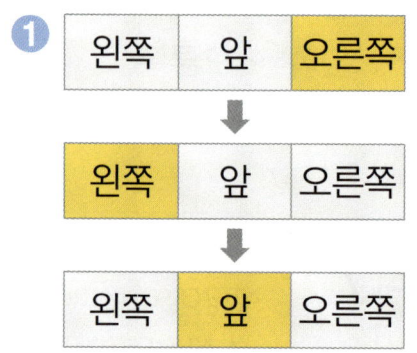

②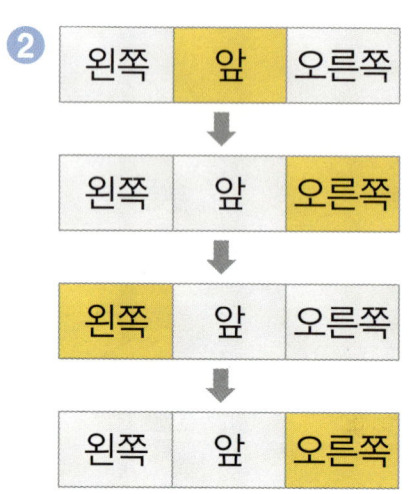

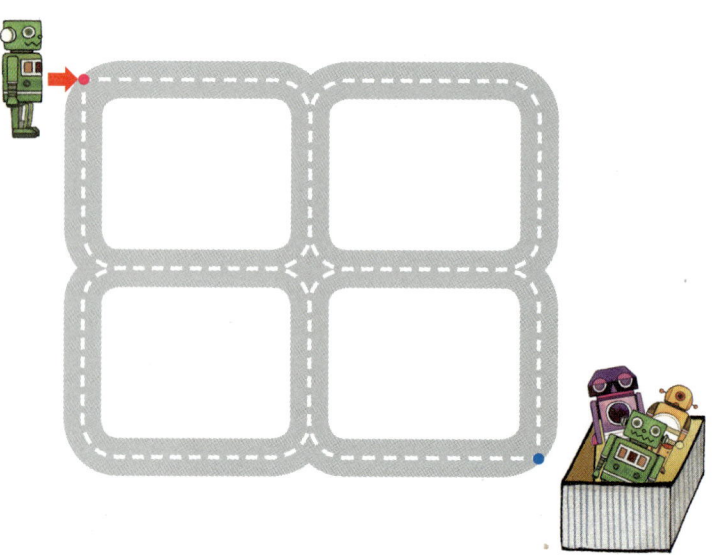

[두 로봇]

1 버튼을 누르면 두 로봇이 동시에 버튼에 맞게 갈래길이 나올 때까지 길을 이동합니다. 두 로봇이 가는 길을 각각 선으로 나타내시오. 또, 가 있는 곳에 갈 수 있는 로봇에 ◯표 하시오.

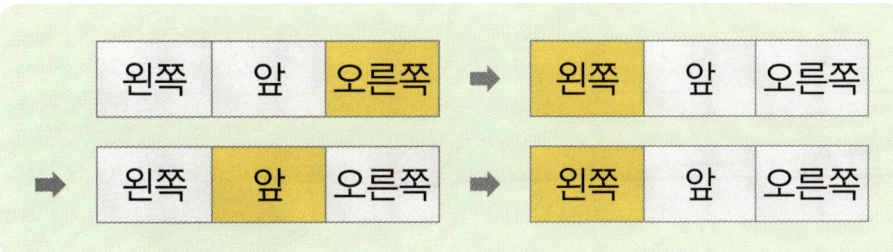

방향 찾기

큐리는 무서운 동물들을 피해 보물을 가지러 갈 수 있는 길을 보물 지도에 적기로 하였습니다. ☐ 안에 왼 또는 오른을 알맞게 써넣으시오.

☐ 쪽 → ☐ 쪽 → ☐ 쪽 → ☐ 쪽 → 도착

깃발이 있는 곳에서 나처럼 서서 지도를 봐야 해.

1 돼지가 길을 따라 크림빵을 먹으러 갑니다. 돼지가 빵이 있는 곳까지 가는 방법을 선으로 그리시오. 또, 한 칸씩 움직일 때마다 가는 길을 앞, 왼쪽, 오른쪽으로 적어 나타내시오.

①

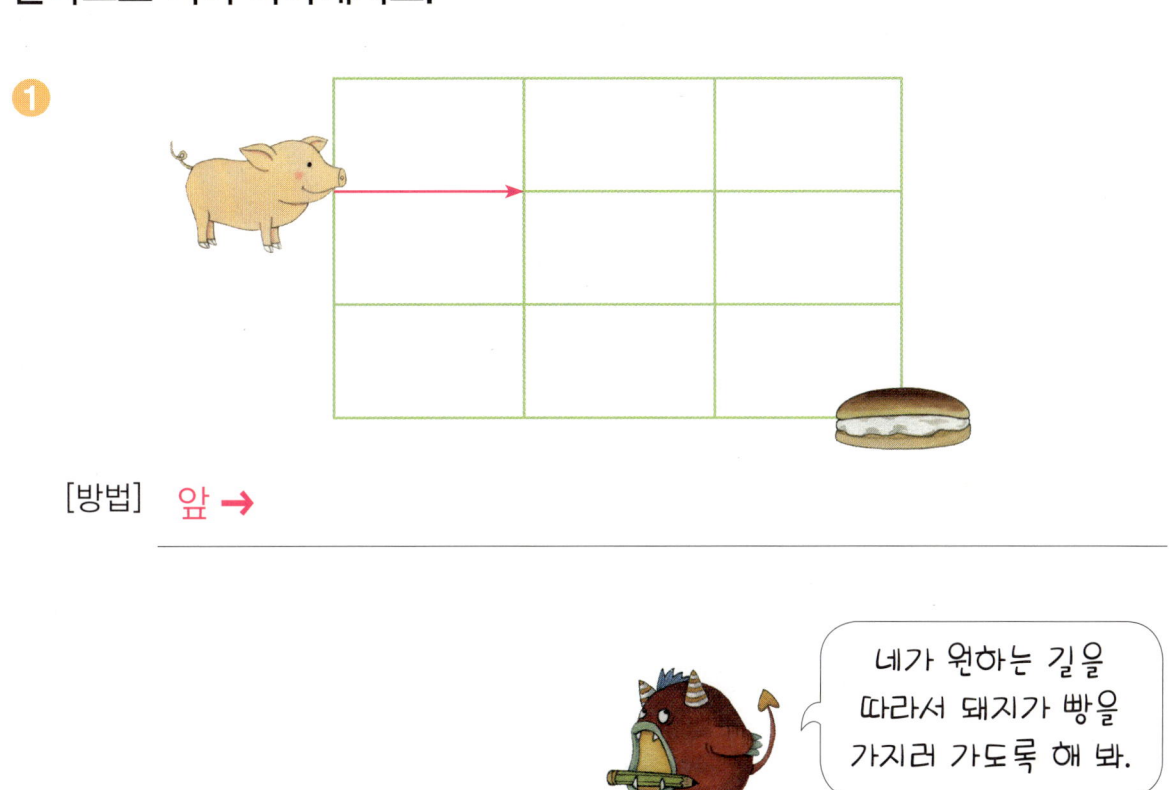

[방법]　앞 →

네가 원하는 길을 따라서 돼지가 빵을 가지러 가도록 해 봐.

②

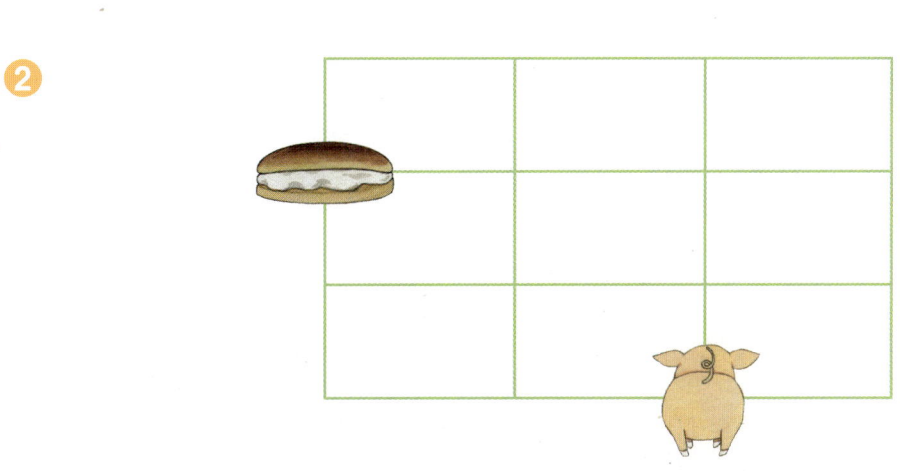

[방법]

1 동, 서, 남, 북을 알아봅시다.

❶ 현우가 북쪽을 바라보고 섰을 때 뒤쪽이 남쪽, 오른쪽이 동쪽, 왼쪽이 서쪽입니다. ☐ 안에 동, 서, 남을 알맞게 써넣으시오.

북

❷ 해가 뜰 때 티나가 바라보고 있는 방향은 동, 서, 남, 북 중 어디입니까?

책을 보니 해가 동쪽에서 뜨고 서쪽으로 진다는군.

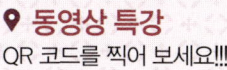
2 다음 설명에 맞게 스티커를 붙여 보물섬을 꾸며 보시오. 🎒 **준비물** 보물섬 스티커

1. 해적 큐리가 남쪽을 보고 서 있습니다.
2. 섬의 서쪽에 나무가 있습니다.
3. 나무 위에는 새가 앉아 있고, 아래에는 연못이 있습니다.
4. 큐리의 왼쪽 옆에 보물상자가 있습니다.
5. 섬의 동쪽에 잠만자 요괴가 있습니다.

큐리

Chapter 2

부분과 전체

어떻게 알지?

태돌이네 가족들은 영화 '죠스'를 보고 있습니다. '죠스'는 사람을 잡아먹는 상어가 나오는 무서운 영화입니다.

영화 속 사람들은 바다 속에 있는 식인 상어 '죠스'가 나타난 것을 어떻게 알았을까요?

죠스

현우가 동물원에서 찍은 사진이 찢어졌습니다. 사진 조각 중 현우가 찍은 사진의 조각이 아닌 것을 찾아 ✕표 하시오.

엉엉. 장난치다가 4조각으로 찢어졌어.

현우

   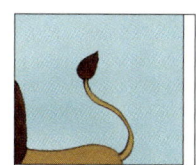 

조각을 다 모으면 다시 하나로 만들 수 있어요?

조각을 모두 가져오면 붙여 주마.

노크 포인트

부분을 보고 전체를 알 수 있습니다.

등껍질을 보고 거북이임을 알 수 있습니다.

코를 보고 코끼리임을 알 수 있습니다.

숨바꼭질

꼬마 요괴 6마리가 숨바꼭질을 하고 있습니다. 다음 중 나무 뒤에 숨어 있는 요괴를 찾아 ◯표, 물 속에 숨어 있는 요괴를 찾아 △표 하시오.

1 커튼 뒤에 있는 동물을 찾아 알맞게 선으로 이으시오.

부분 보고 전체 알기

대마왕은 아래 사진들을 보고 쿠키를 먹은 꼬마 요괴들을 찾아내었습니다. 다음 사진 중 각 꼬마 요괴를 찍은 사진을 모두 찾아 기호를 쓰시오.

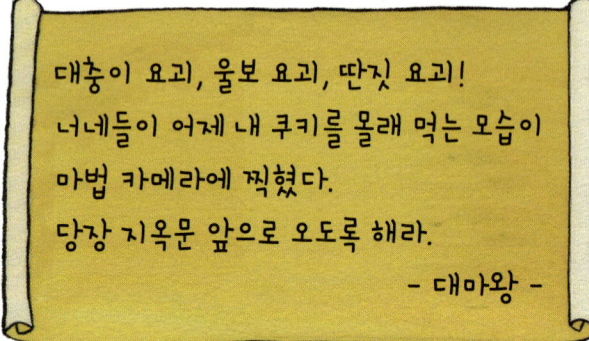

대충이 요괴, 울보 요괴, 딴짓 요괴!
너네들이 어제 내 쿠키를 몰래 먹는 모습이
마법 카메라에 찍혔다.
당장 지옥문 앞으로 오도록 해라.

- 대마왕 -

난 사진만 보면
딱! 알 수 있지.

대마왕

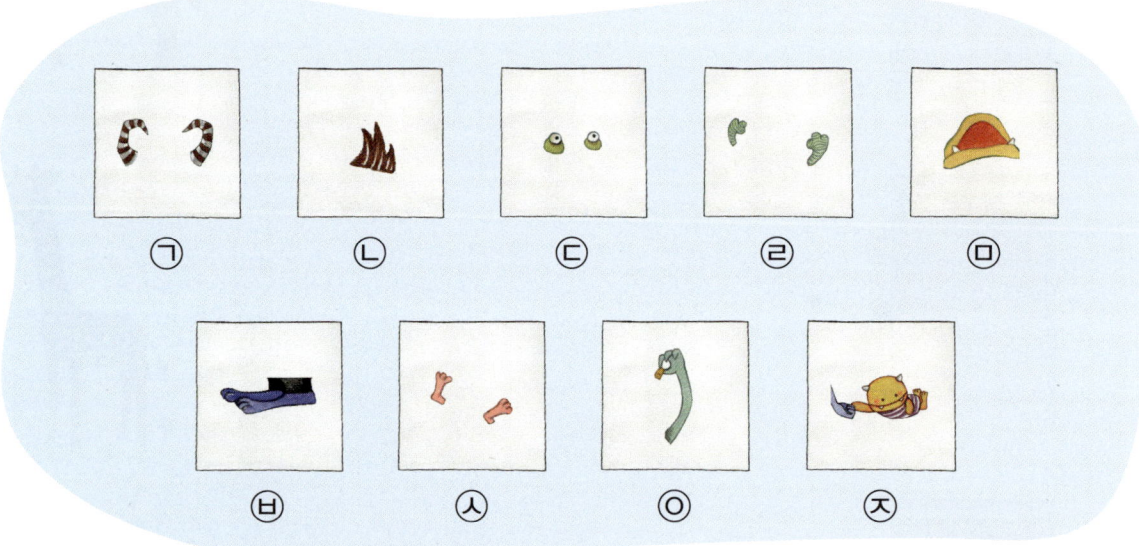

ㄱ ㄴ ㄷ ㄹ ㅁ

ㅂ ㅅ ㅇ ㅈ

대충이 요괴

울보 요괴

딴짓 요괴

ㄷ , ☐ , ☐

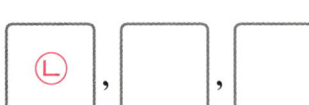
ㄴ , ☐ , ☐

☐ , ☐ , ☐

[장난감]

1 주어진 조각을 모아 장난감을 만듭니다. 장난감을 만드는 데 사용하지 않는 조각에 ✕표 하시오.

 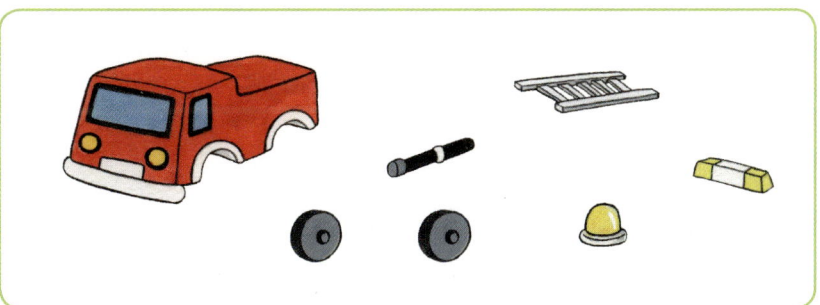

[눈사람]

2 주어진 물건을 사용하여 왼쪽과 같이 눈사람을 꾸미려고 합니다. 눈사람을 꾸미고 난 후 남는 물건에 모두 ○표 하시오.

5 그림자

다음은 현우, 티나, 큐리의 그림자입니다.

위의 그림자를 보고 알 수 있는 사실을 써 보시오.

태돌이의 그림자로 알맞은 것의 기호를 쓰시오.

🧭 그림자는 빛이 비칠 때 빛의 반대쪽에 나타납니다. 다음 중 그림자의 방향으로 옳은 것의 기호를 쓰시오.

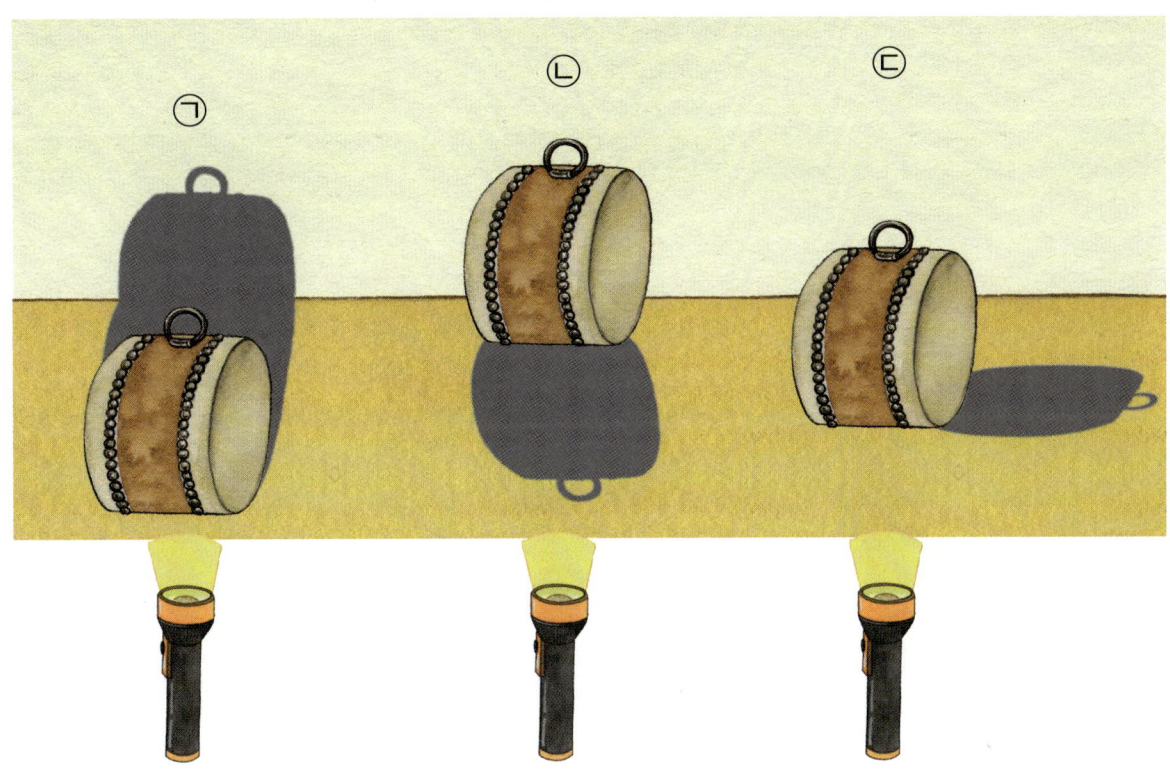

그림자는 물체에 빛이 비칠 때 빛의 반대쪽에 나타나는 그 물체의 모습입니다.

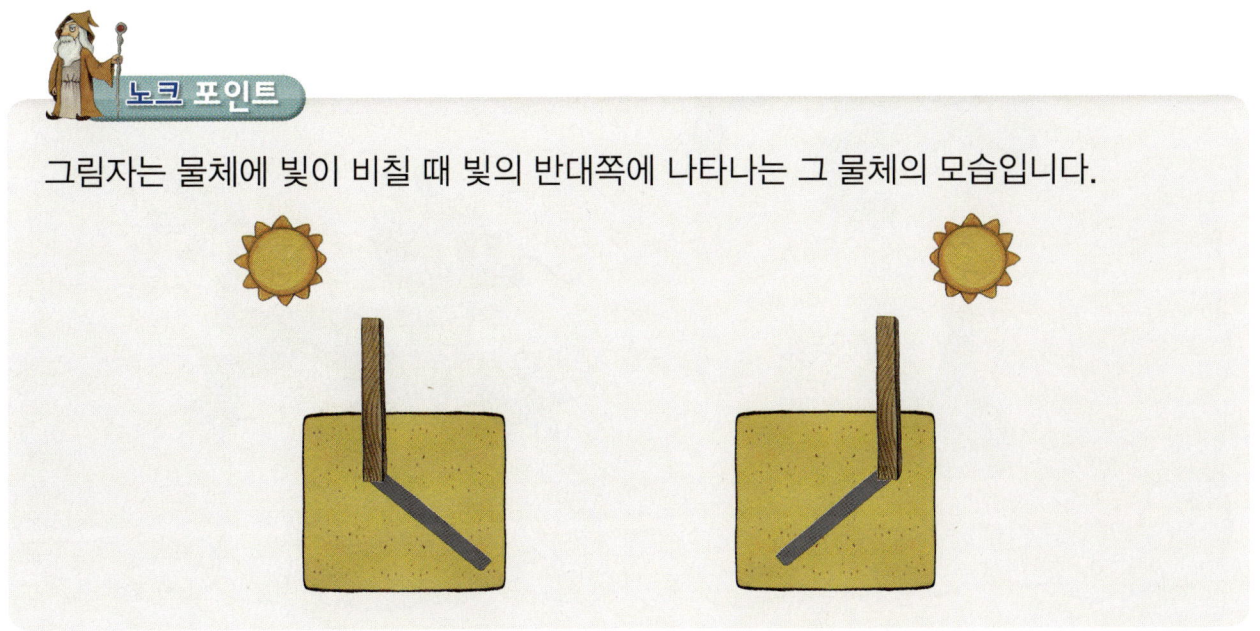

 # 무엇의 그림자?

관계있는 것끼리 선으로 이으시오.

1 잠만자 요괴가 그림자의 일부분을 먹어버렸습니다. 그림자 위에 어떤 사물의
그림자였는지 알맞게 스티커를 붙이시오.

준비물 사물 스티커

그림자를
먹으니 졸리네.

 ## 그림자로 만든 모양

다음은 손을 사용하여 만든 그림자 모양입니다. 손 모양에 맞는 그림자 스티커를 붙이고, 그림자에 알맞은 이름을 지으시오.

준비물 그림자 스티커

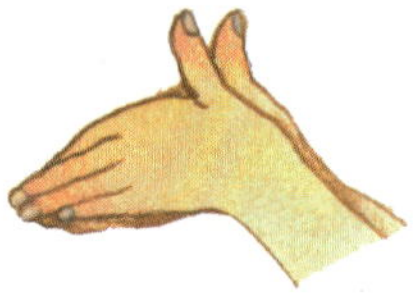

말

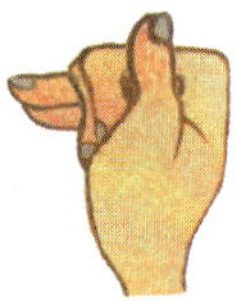

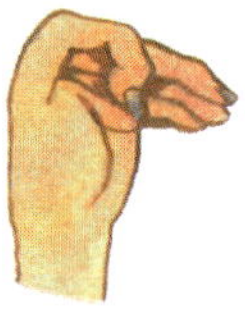

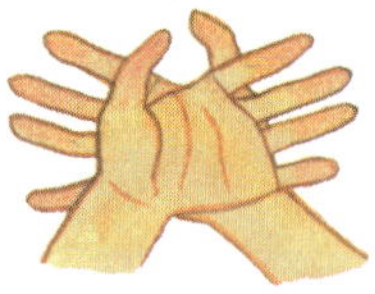

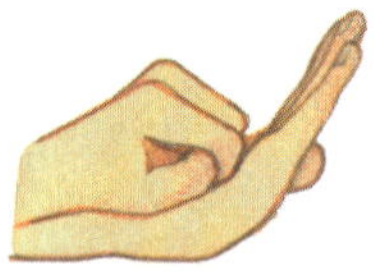

나는 손으로 새 그림자를 만들었지.

1 그림자로 만든 모양입니다. 사용한 것을 모두 찾아 ◯표 하시오.

거울 속에 비친 현우, 태돌, 큐리의 모습입니다.

현우 태돌 큐리

거울에 비친 모습입니다. 관계있는 것끼리 알맞게 선으로 이으시오.

티나가 거울에 비친 모습을 알맞은 스티커를 붙여서 나타내시오.

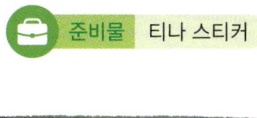 준비물 티나 스티커

 노크 포인트

① 거울에 비친 모양은 순서가 바뀌지 않습니다.

　　(◯)
　　(✕)

② 거울에 가까이 있는 물건과 멀리 있는 물건이 바뀌지 않습니다.

　　(◯)
　　(✕)

거울 속 왼쪽, 오른쪽

나란히 놓은 과일과 채소를 거울에 비춰 보았습니다. 다음 중 거울에 비친 올바른 모습은 무엇입니까?

㉠

㉡

㉢

1 거울에 비친 현우의 모습입니다. 현우는 왼손, 오른손 중 어느 손을 들고 있습니까?

2 거울 속 비친 모습이 다음과 같습니다. 실제로 거꾸로 요괴의 왼쪽에 있는 꼬마 요괴는 누구입니까?

울보 요괴   거꾸로 요괴   장난 요괴

잘 생각해 봐!

거울 앞에 서 있는 요괴들이 등을 보이고 있다는 걸 생각해야 해.

거울에 비친 모습 중 틀린 부분 2곳을 찾아 ◯표 하시오.

곰돌이와 탁자 중에
거울에 더 가까이
있는 걸 찾아 봐.

거울에서는 왼쪽
오른쪽이 바뀌어서
보이지 않는단다.

[잘못된 거울]

1 거울로 둘러싸인 방에 꿀꿀이가 들어갔습니다. 거울 4개에 비친 모습 중 잘못 나타낸 것을 찾아 기호를 쓰시오.

너무 어렵네.
꿀꿀이가 어떻게
보이지?

창의적 문제해결력

1 올바른 그림자를 찾아 기호를 쓰시오.

ㄱ

ㄴ

ㄷ

ㄹ

2 그림 옆에 거울을 놓으면 거울에 비친 모양은 보기 와 같습니다. 모양 옆에 놓은 거울에 거울 속 비친 모양을 그려 보시오.

보기

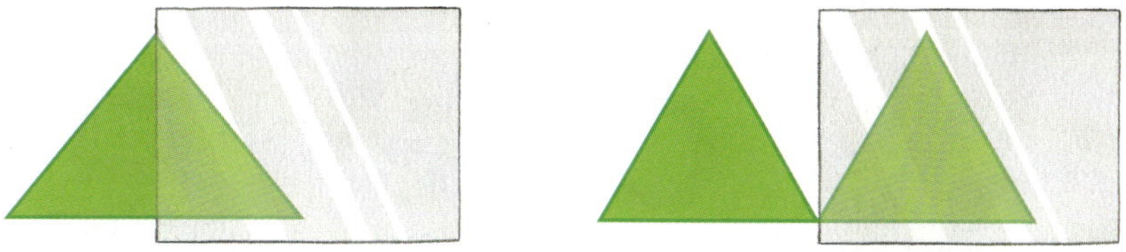

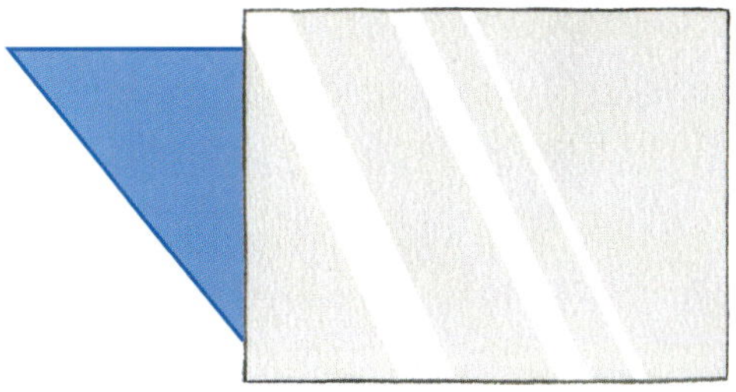

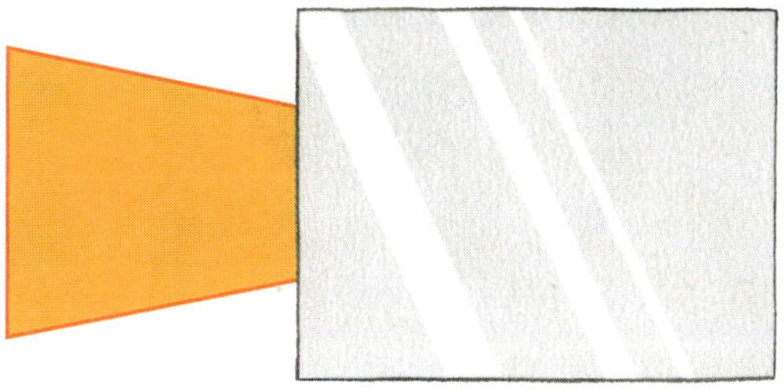

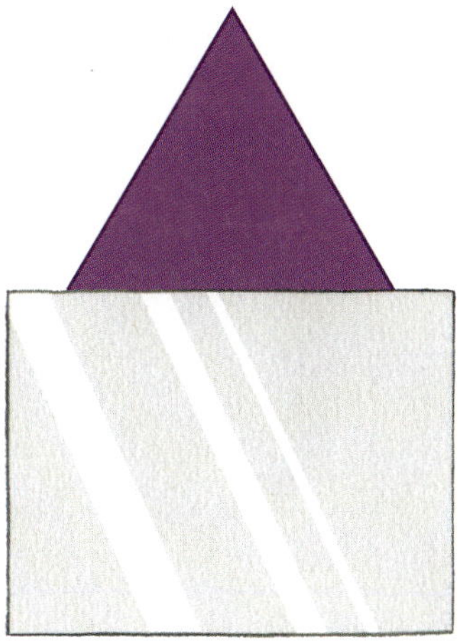

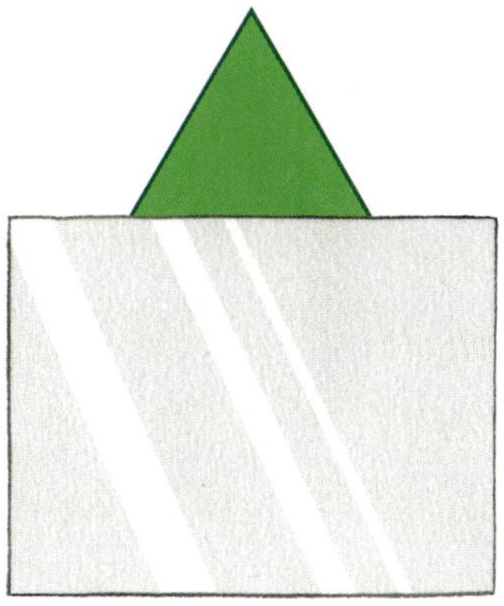

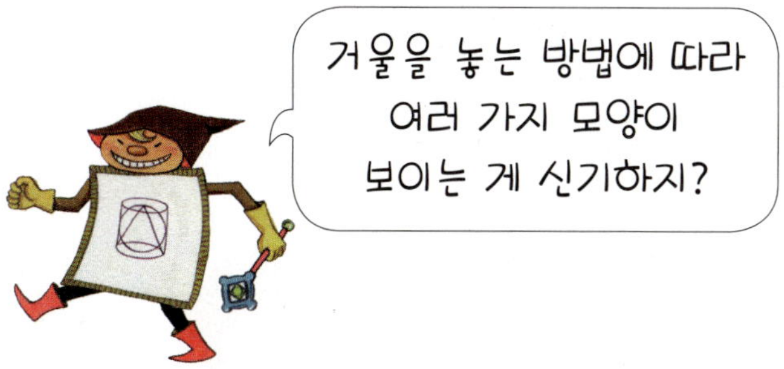

거울을 놓는 방법에 따라 여러 가지 모양이 보이는 게 신기하지?

Chapter 3

입체 모양

 물건의 모양

다른 모양을 찾아 ╳표 하시오.

같은 모양끼리 선으로 묶으시오.

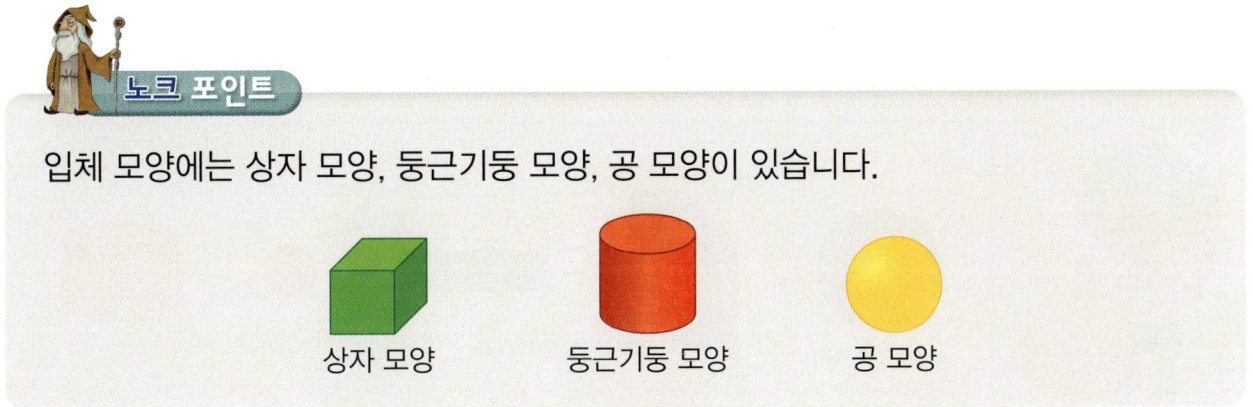

입체 모양

대마법사 멀린이 입체 모양의 종류를 보여줍니다. 친구들이 가진 것과 같은 종류의 입체 모양을 모두 찾아 ◯표 하시오.

상자 모양   둥근기둥 모양   공 모양

생긴 모양을 보고 이름을 붙였단다.

멀린

1 주어진 물건과 관련있는 입체 모양을 찾아 알맞게 선으로 이으시오.

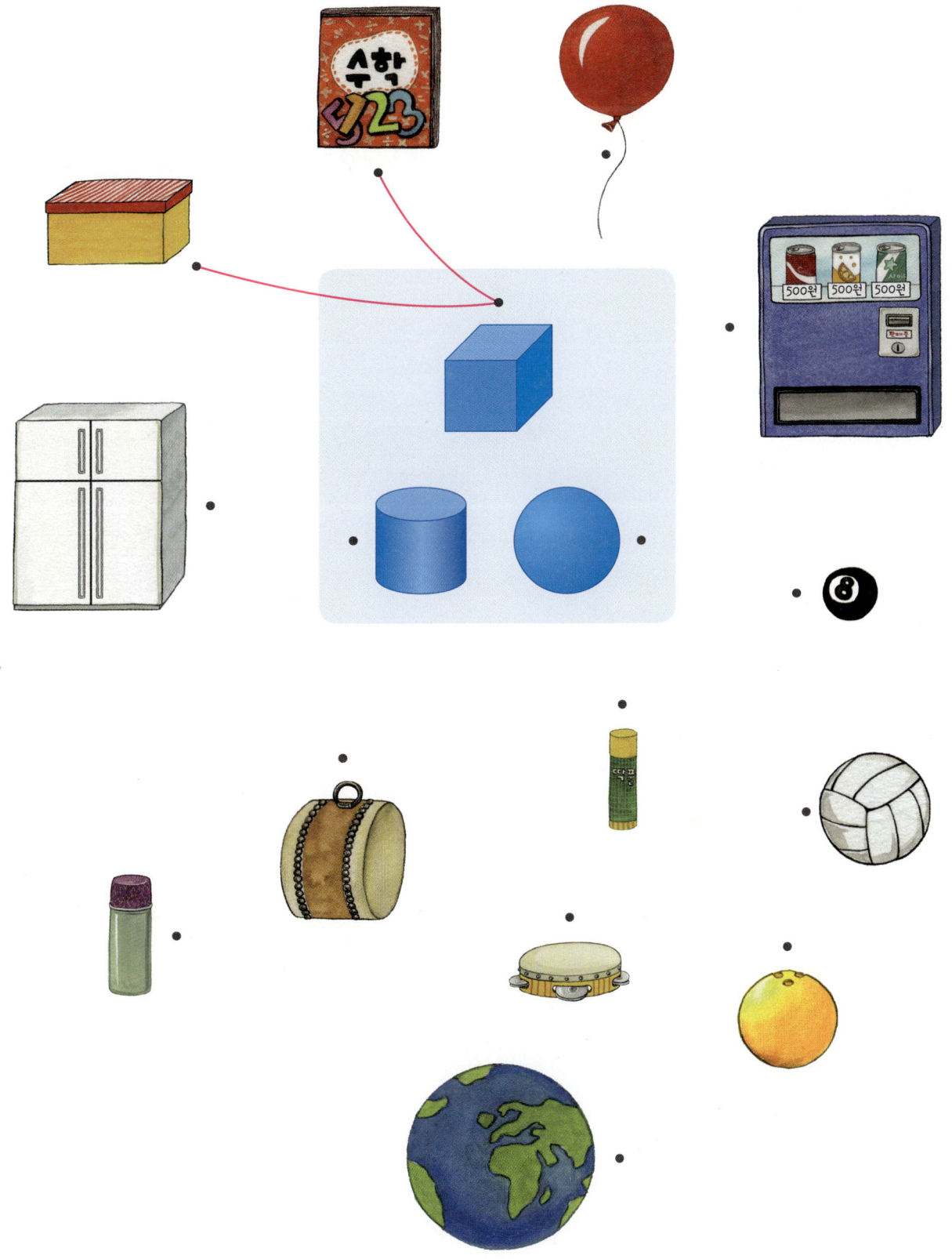

같은 모양, 다른 모양

잔디밭에 놓인 입체 모양들을 같은 모양끼리 선으로 묶으시오.

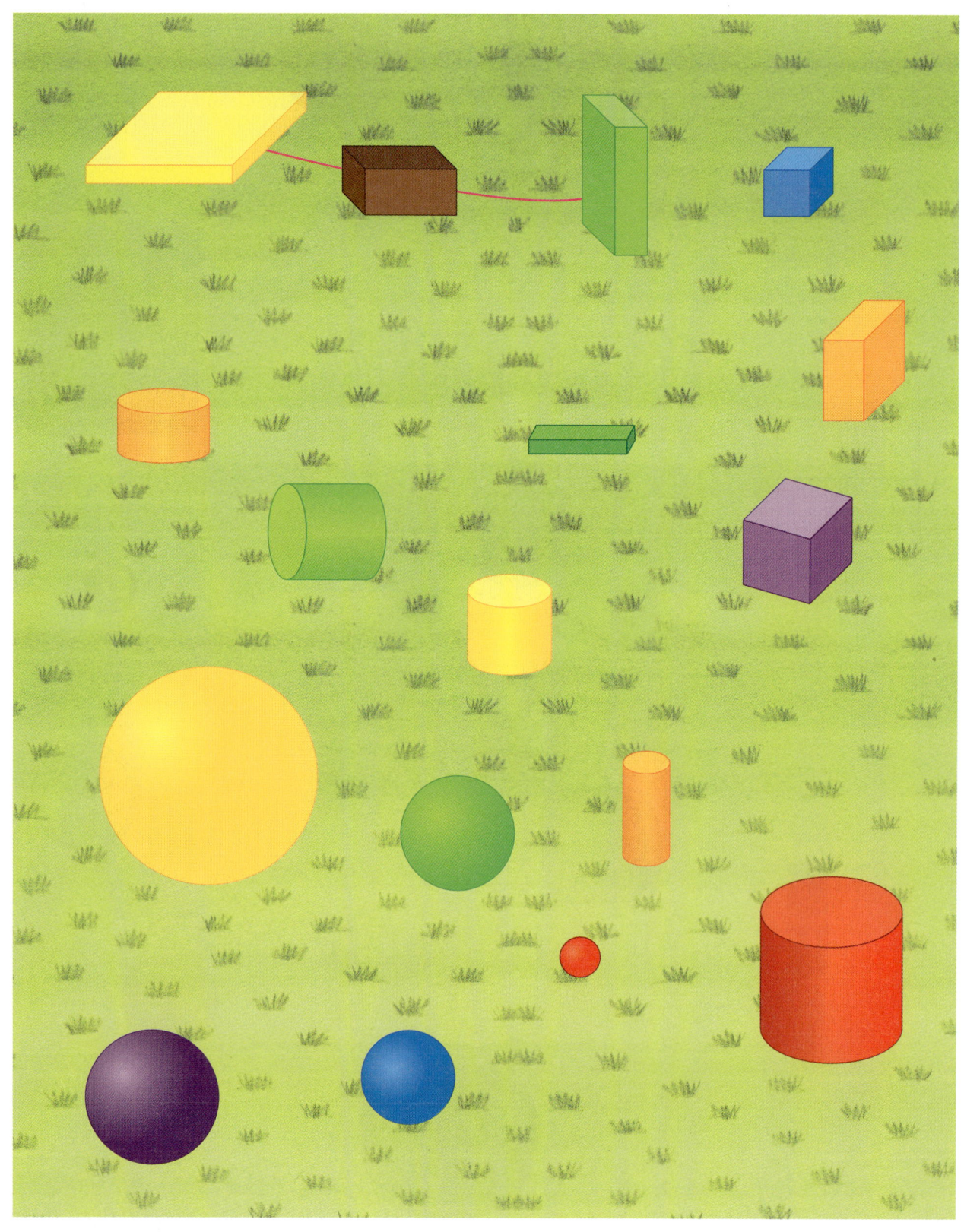

1 시계 토끼가 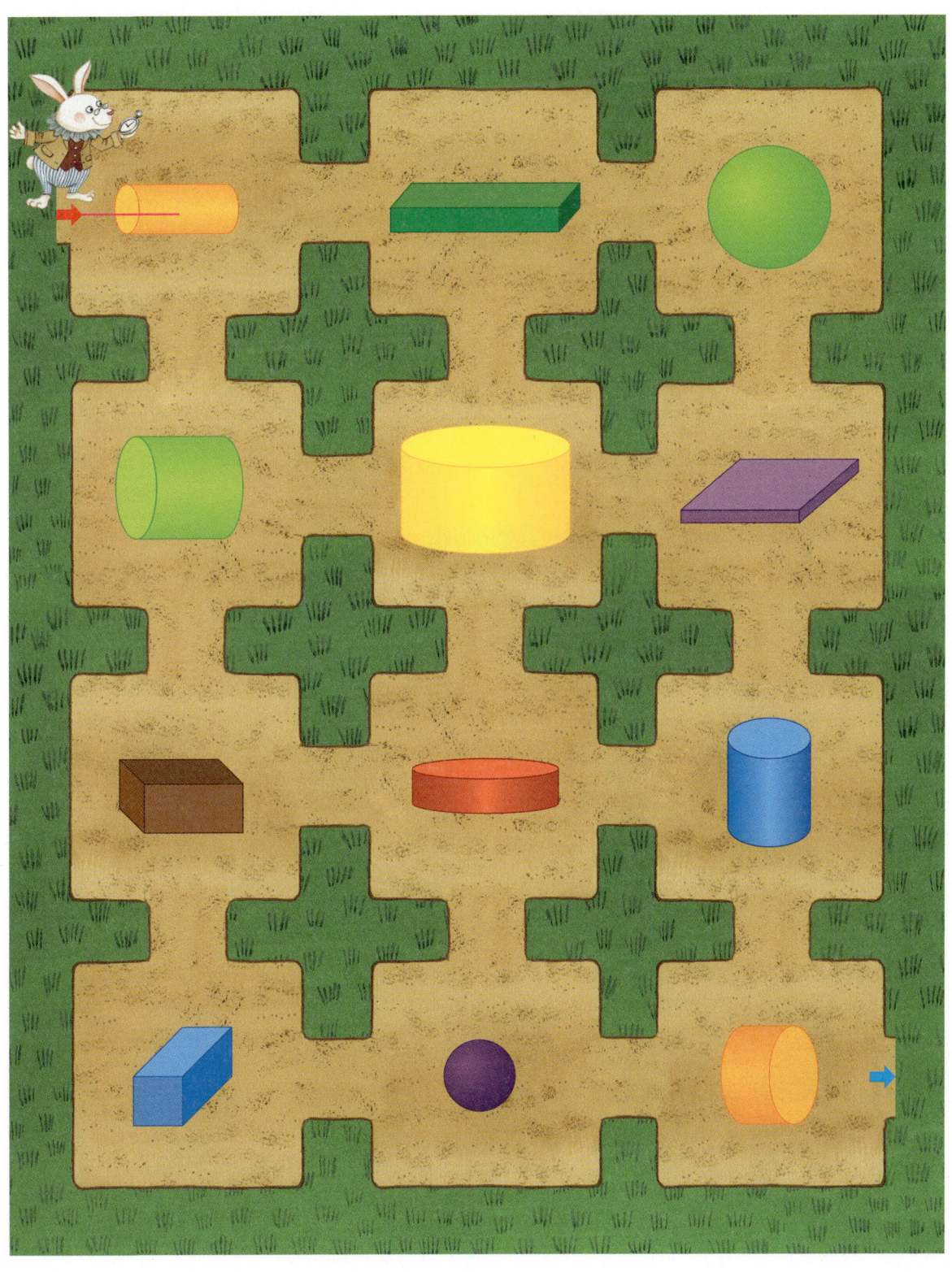 모양이 있는 칸을 지나 미로를 통과합니다. 토끼가 지나는 길을 선으로 나타내시오.

입체 모양의 특징

태돌, 큐리, 티나, 현우가 입체 모양에 대해 이야기합니다.

이 모양들은 평평한 부분이 있어.

태돌

이 모양들은 둥근 부분이 있지.

큐리

이 모양들은 평평한 부분이 없어서 어느 방향으로 굴려도 잘 구르지.

티나

이 모양들은 둥근 부분과 평평한 부분이 모두 있어.

현우

다음 중 설명과 맞는 모양의 물건을 모두 찾아 기호를 쓰시오.

● 둥근 부분이 없습니다.

● 모든 부분이 둥글어서 어느 방향으로도 잘 구릅니다.

● 둥근 부분과 평평한 부분이 모두 있습니다.

① 상자 모양

뾰족한 부분과 평평한 부분이 있습니다.
둥근 부분이 없어서 잘 굴러가지 않습니다.

② 둥근기둥 모양

평평한 부분과 둥근 부분이 모두 있습니다.
둥근 부분으로는 잘 굴러갑니다.

③ 공 모양

모든 부분이 둥글어서 어느 방향으로도 잘 굴러갑니다.
평평한 부분이 없습니다.

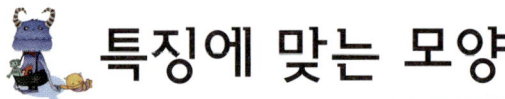

특징에 맞는 모양

뛰어 요괴가 둥근 부분이 없는 입체 모양을 모두 밟고 강을 건넙니다. 뛰어 요괴가 밟는 입체 모양을 색칠하시오.

[모양의 특징]

1 각 꼬마 요괴가 원하는 입체 모양을 찾아 알맞은 스티커를 붙이시오.

 준비물 입체 모양 스티커

난 공처럼 모든 곳이 둥글둥글한 모양이 좋아.

나는 굴릴 수도 있고, 잘 세울 수도 있는 모양을 원해.

책처럼 베고 잘 수 있게 평평한 부분만 있는 모양이 좋아.

이 중에서 어떤 걸 누구 한테 줘야 하지?

모양 퀴즈

꼬마 요괴가 주머니에 손을 넣어 안에 있는 입체 모양을 만지고 이야기합니다. 꼬마 요괴들이 이야기하는 입체 모양을 찾아 선을 따라 그리시오.

이 주머니에 있는 모양은 뾰족한 곳이 있네. 둥근 부분은 없어.

이 모양은 둥그렇네. 어~ 평평한 부분도 있어.

내가 만진 모양은 둥글둥글해. 평평한 부분은 하나도 없네.

[상자 속 입체 모양]

1 티나와 태돌이가 상자 속 입체 모양을 들여다 보았습니다. 두 사람이 본 모양이 왼쪽과 같을 때 상자 안에 있는 모양과 같은 모양을 찾아 ⃝표 하시오.

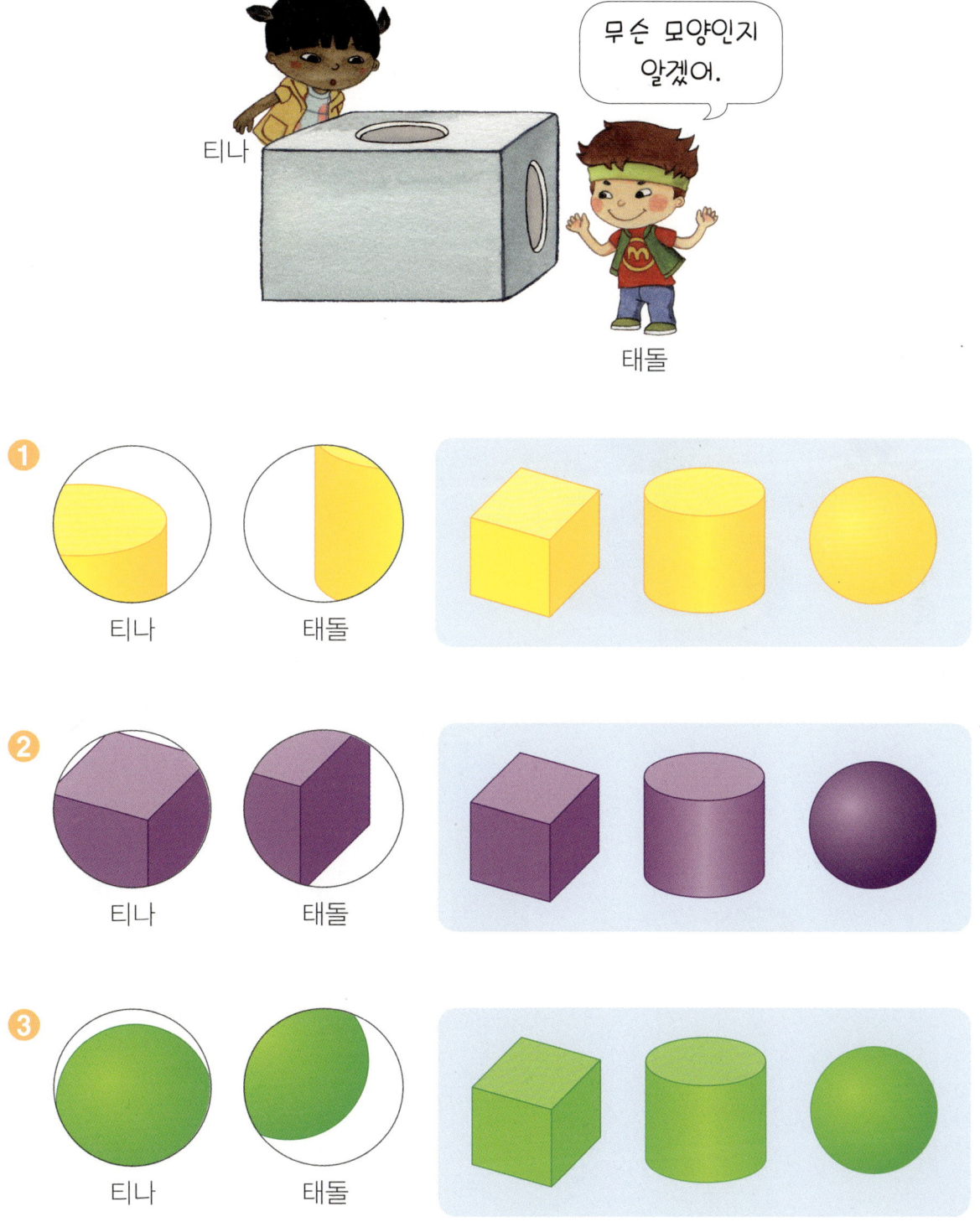

입체 모양 블록을 사용하여 꼬마 요괴들이 만든 모양입니다. 다음 중 현우가 쌓기만 하여 똑같이 만들 수 있는 모양은 어느 요괴가 만든 모양입니까?

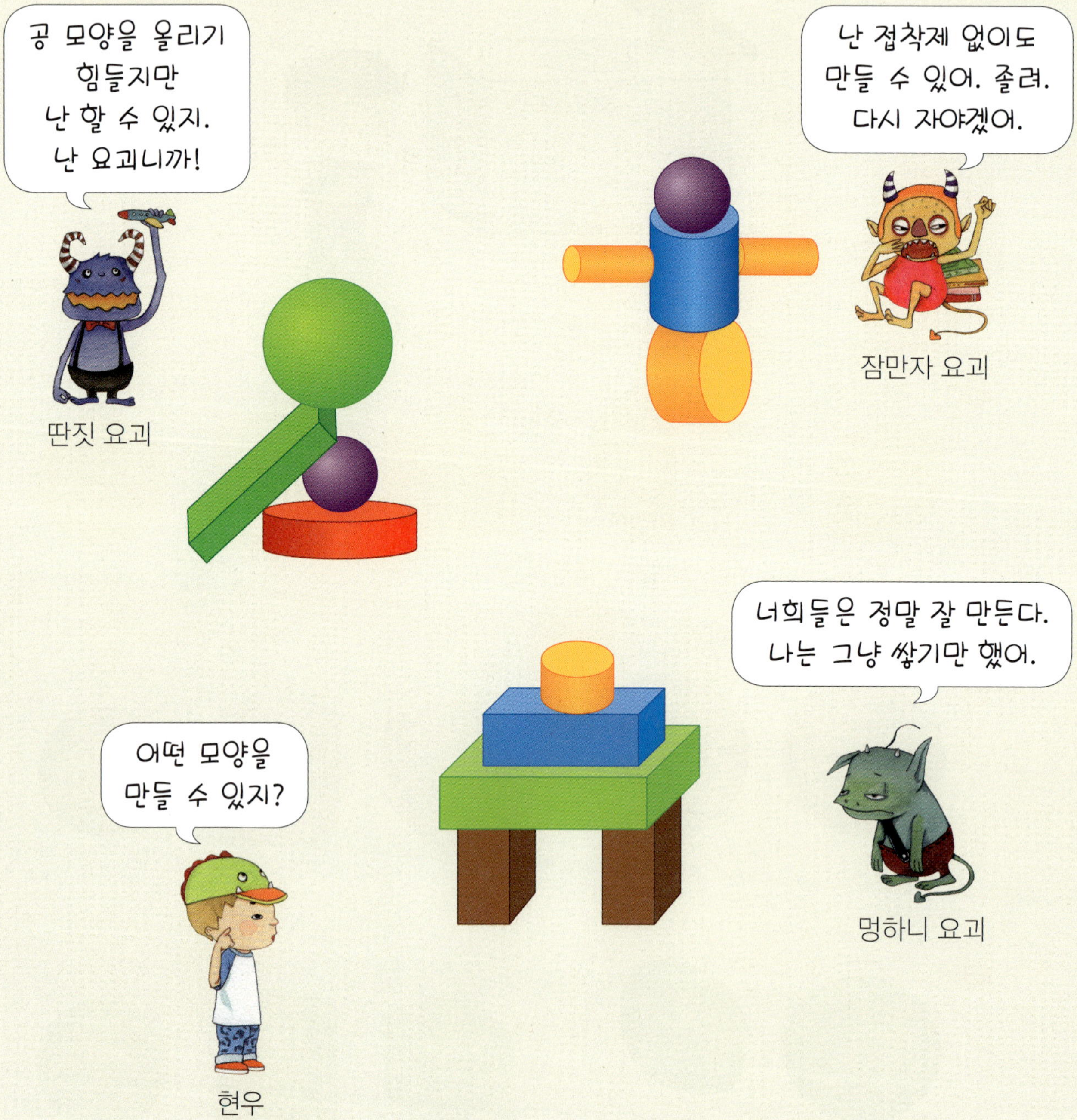

공 모양을 올리기 힘들지만 난 할 수 있지. 난 요괴니까!

딴짓 요괴

난 접착제 없이도 만들 수 있어. 졸려. 다시 자야겠어.

잠만자 요괴

너희들은 정말 잘 만든다. 나는 그냥 쌓기만 했어.

멍하니 요괴

어떤 모양을 만들 수 있지?

현우

❽ 다음 중 쌓기만 해서는 만들 수 없는 모양을 모두 찾아 기호를 쓰시오.

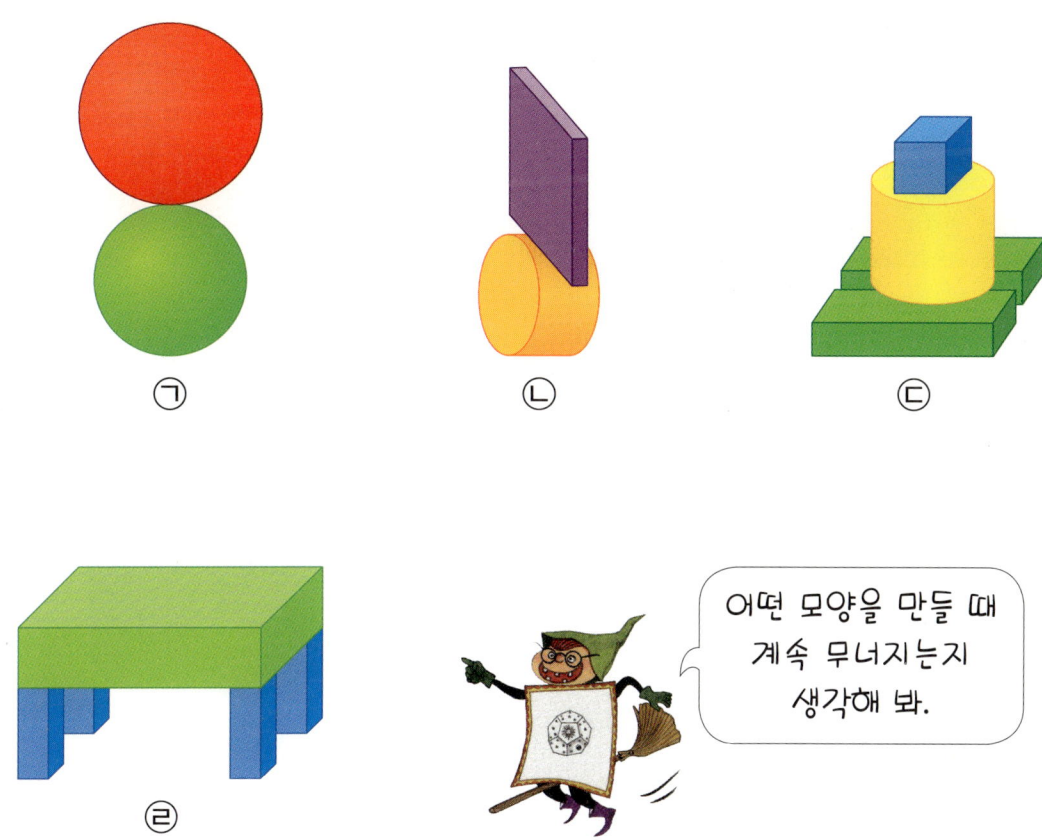

ㄱ

ㄴ

ㄷ

ㄹ

어떤 모양을 만들 때 계속 무너지는지 생각해 봐.

입체 모양 블록으로 여러 가지 모양을 만들 때 다음 2가지를 주의합니다.
① 공 모양 블록 위에 다른 블록을 올릴 수 없습니다.
② 접착제 없이 블록을 오른쪽과 같이 놓을 수 없습니다.

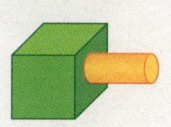

입체 모양 블록

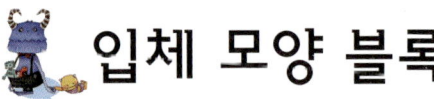

다음 입체 모양 블록을 모두 사용하여 만든 모양의 기호를 쓰시오.

㉠

㉡

㉢

㉣

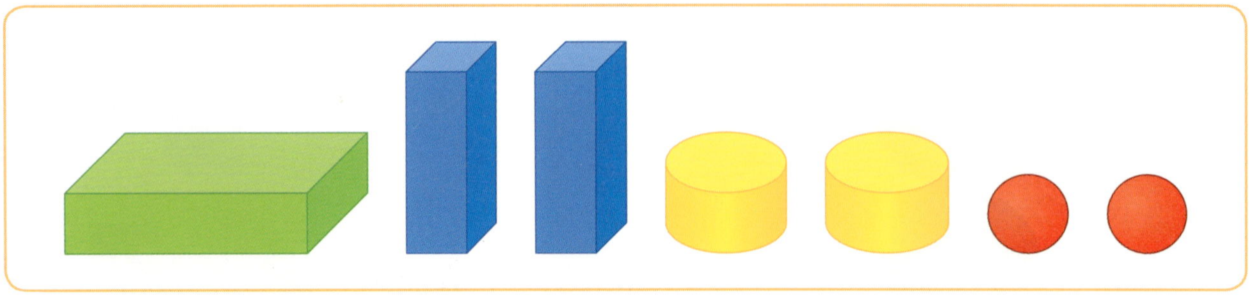

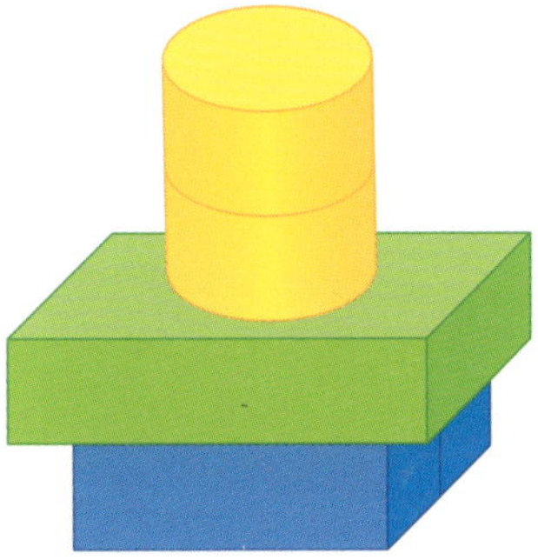

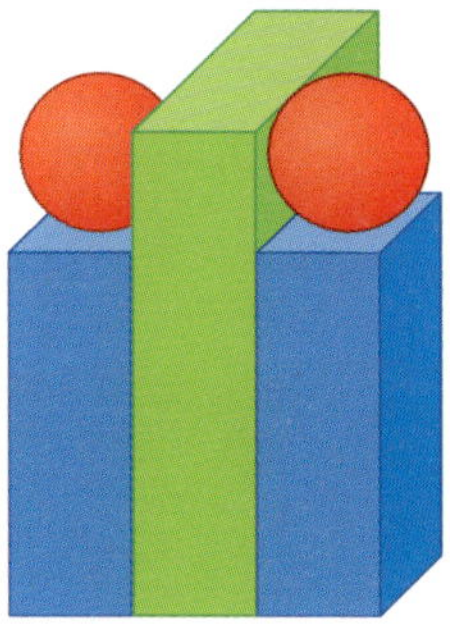

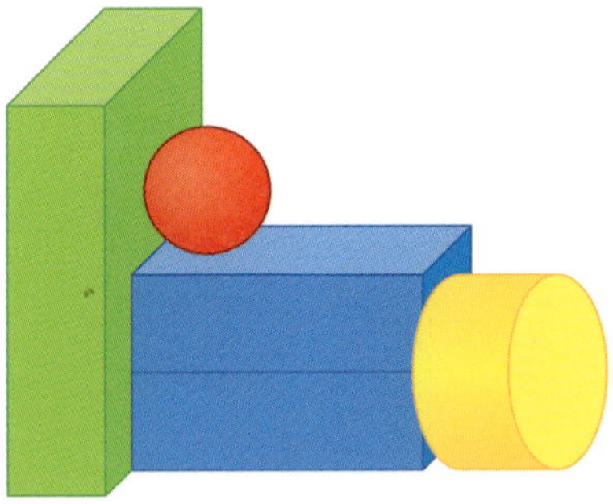

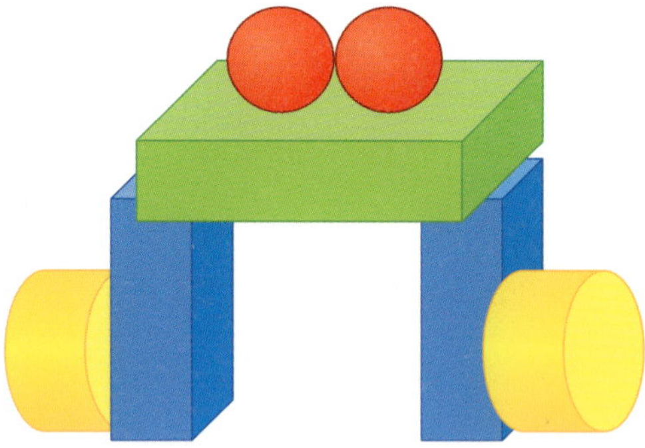

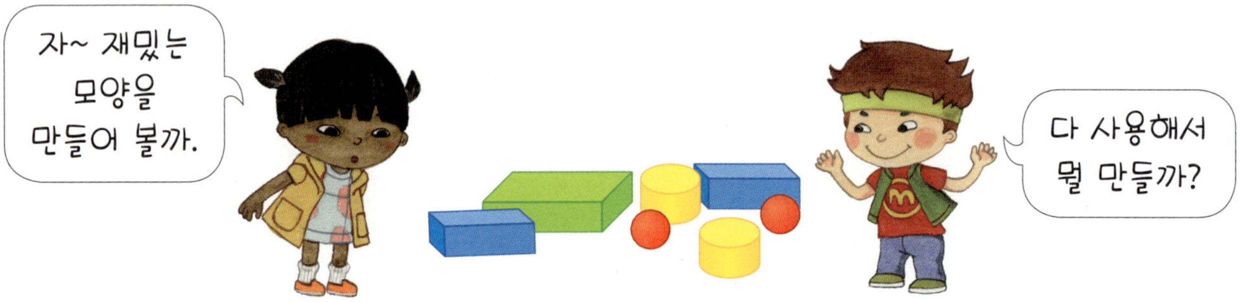

자~ 재밌는 모양을 만들어 볼까.
다 사용해서 뭘 만들까?

1 주어진 블록을 모두 사용하여 만든 모양을 찾아 선으로 이으시오.

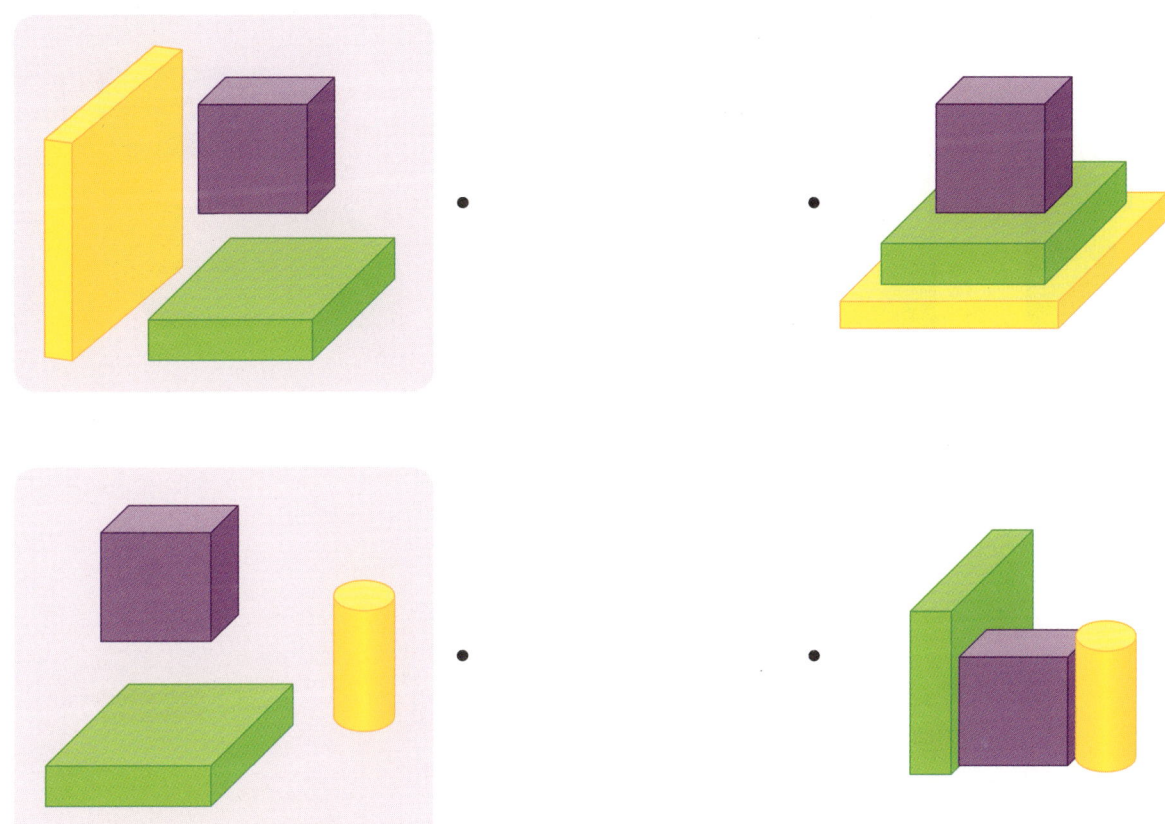

2 오른쪽 모양을 만들 때 사용하지 않은 입체 모양 블록에 모두 ✕표 하시오.

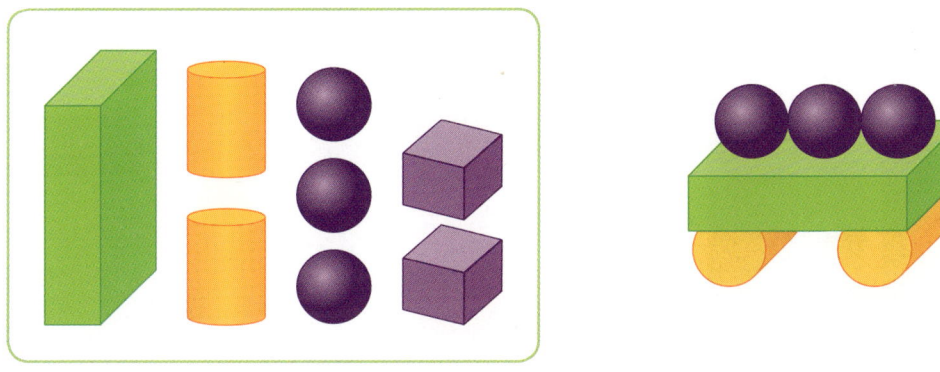

블록의 수

왼쪽 모양을 만드는 데 사용한 블록을 종류별로 세어 ☐ 안에 써넣으시오.

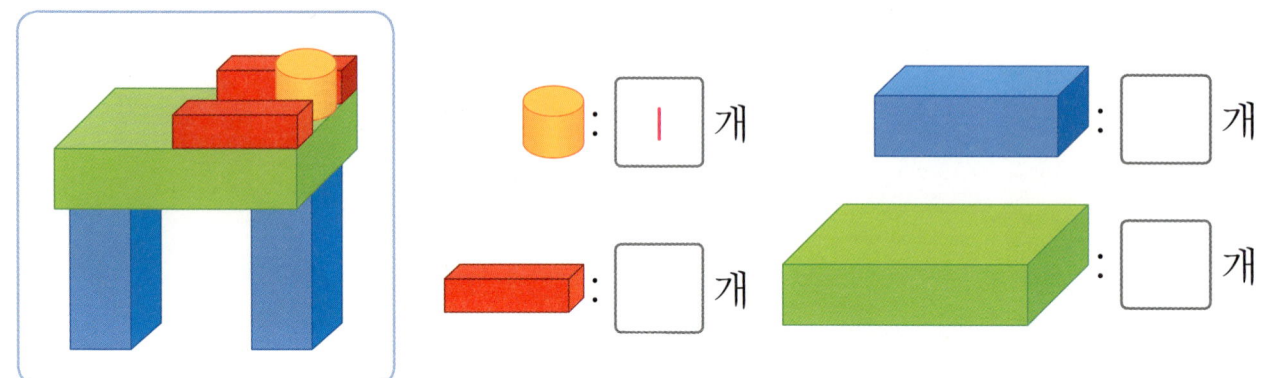

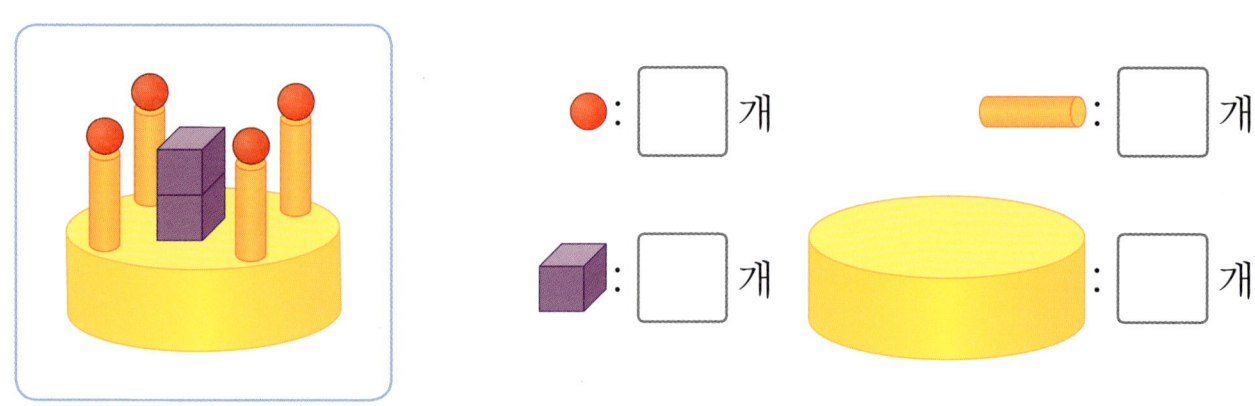

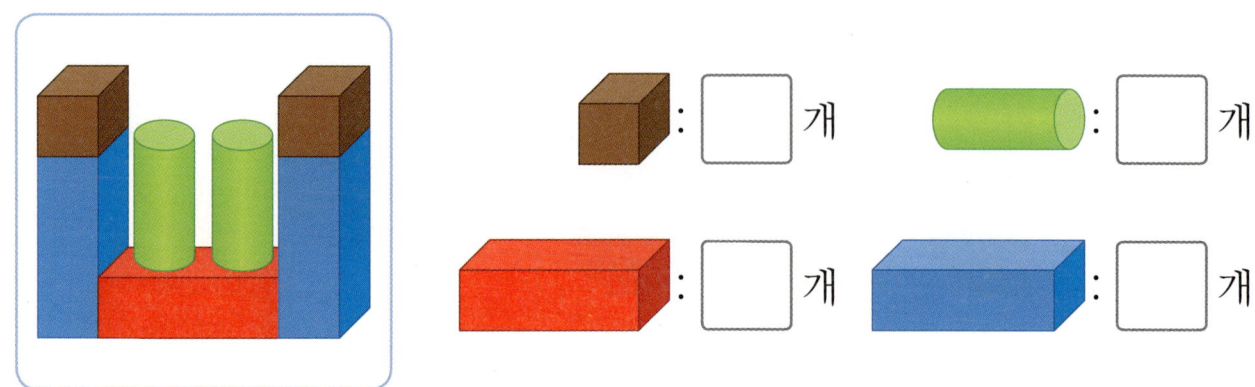

1 주어진 입체 모양 블록 중 4개를 사용하여 무너지지 않게 높이 쌓으려고 합니다. 가장 높이 쌓을 수 있도록 블록을 골라 스티커로 나타내시오.

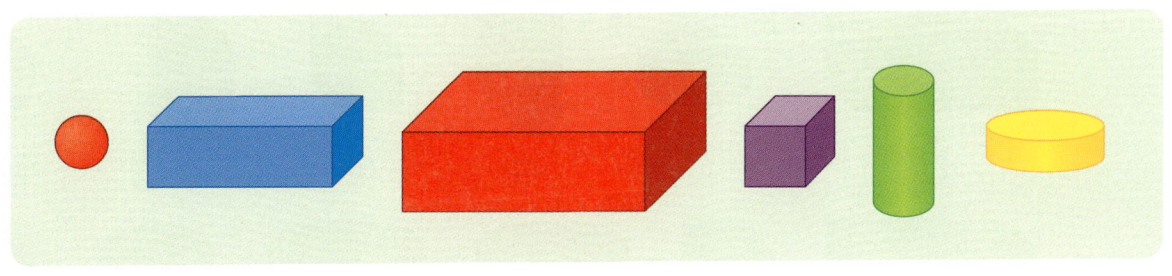

1 주어진 모양 블록 2개씩을 접착제로 붙여서 공 모양, 상자 모양, 둥근기둥 모양을 만들려고 합니다. 짝지은 블록의 기호를 쓰시오.

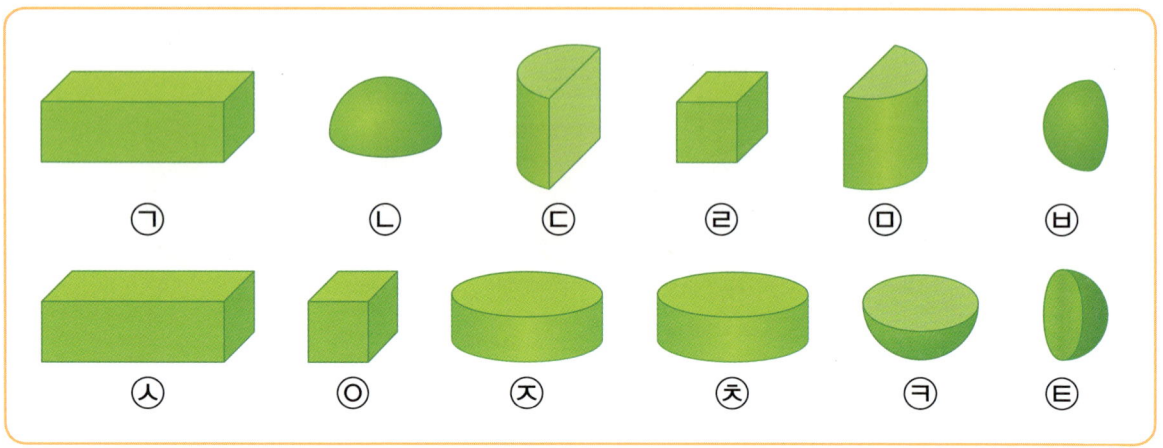

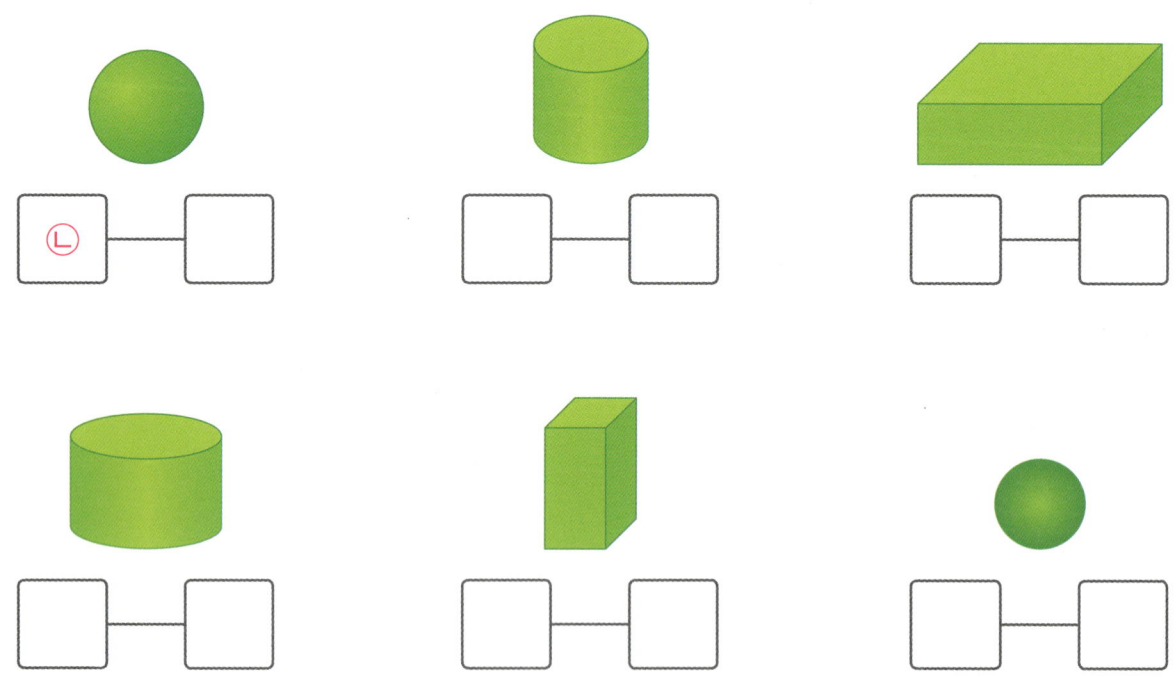

2 큐리와 현우가 입체 모양이 들어 있는 상자를 보고 이야기합니다. 다음 중 상자 안에 있는 입체 모양을 찾아 ◯표 하시오.

3 다음 입체 모양 중 두 개를 사용하여 만든 모양의 그림자입니다. 사용하지 않은 모양을 찾아 ✕표 하시오.

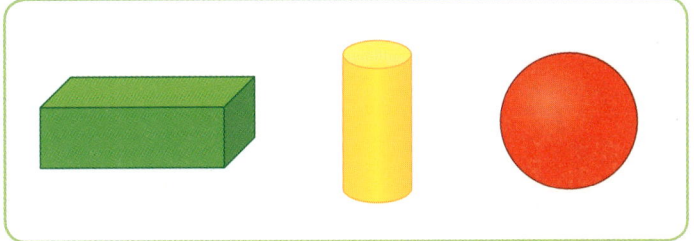
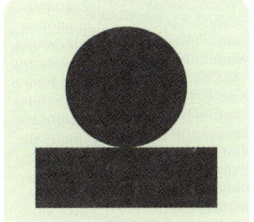

Chapter 4 공간감각

 **쌓기나무 놓기**

왼쪽 모양에 쌓기나무 스티커 Ⅰ장을 붙여서 오른쪽 모양을 만드시오.

> 🧰 **준비물** 쌓기나무 스티커

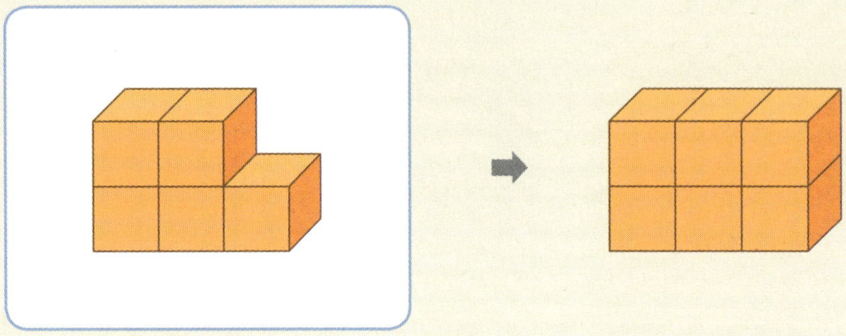

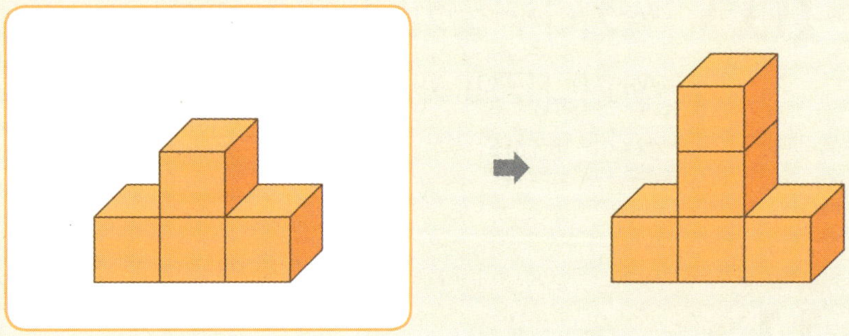

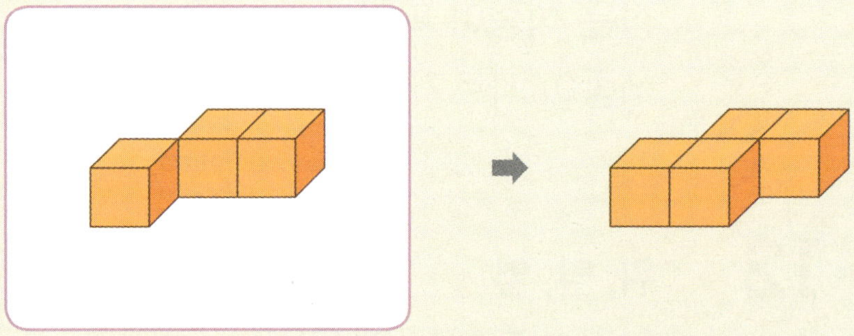

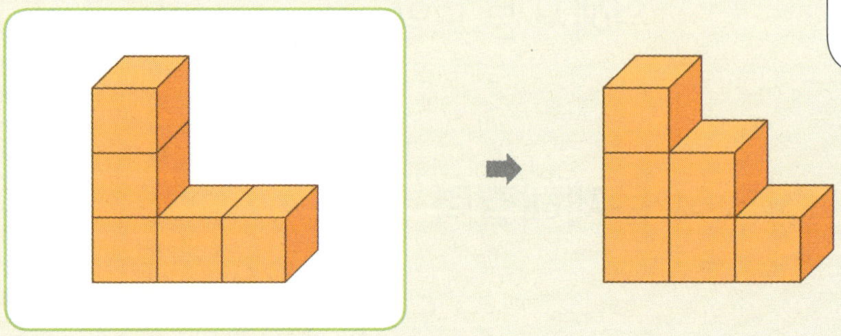

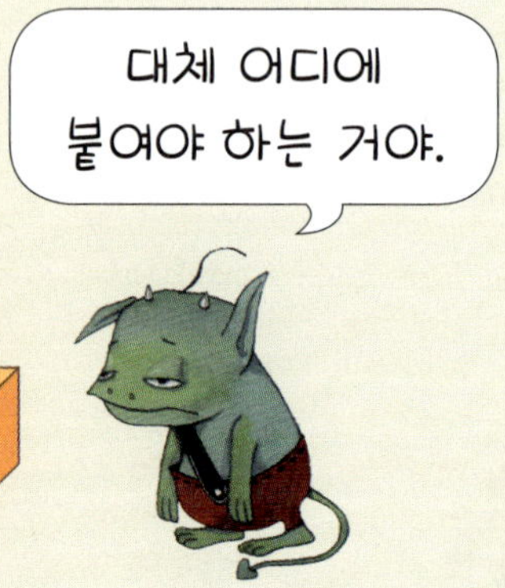

대체 어디에
붙여야 하는 거야.

왼쪽 모양에서 쌓기나무 1개를 옮겨서 오른쪽 모양을 만들 수 있습니다. 보기 와 같이 옮기는 쌓기나무와 옮긴 곳의 위치를 나타내시오.

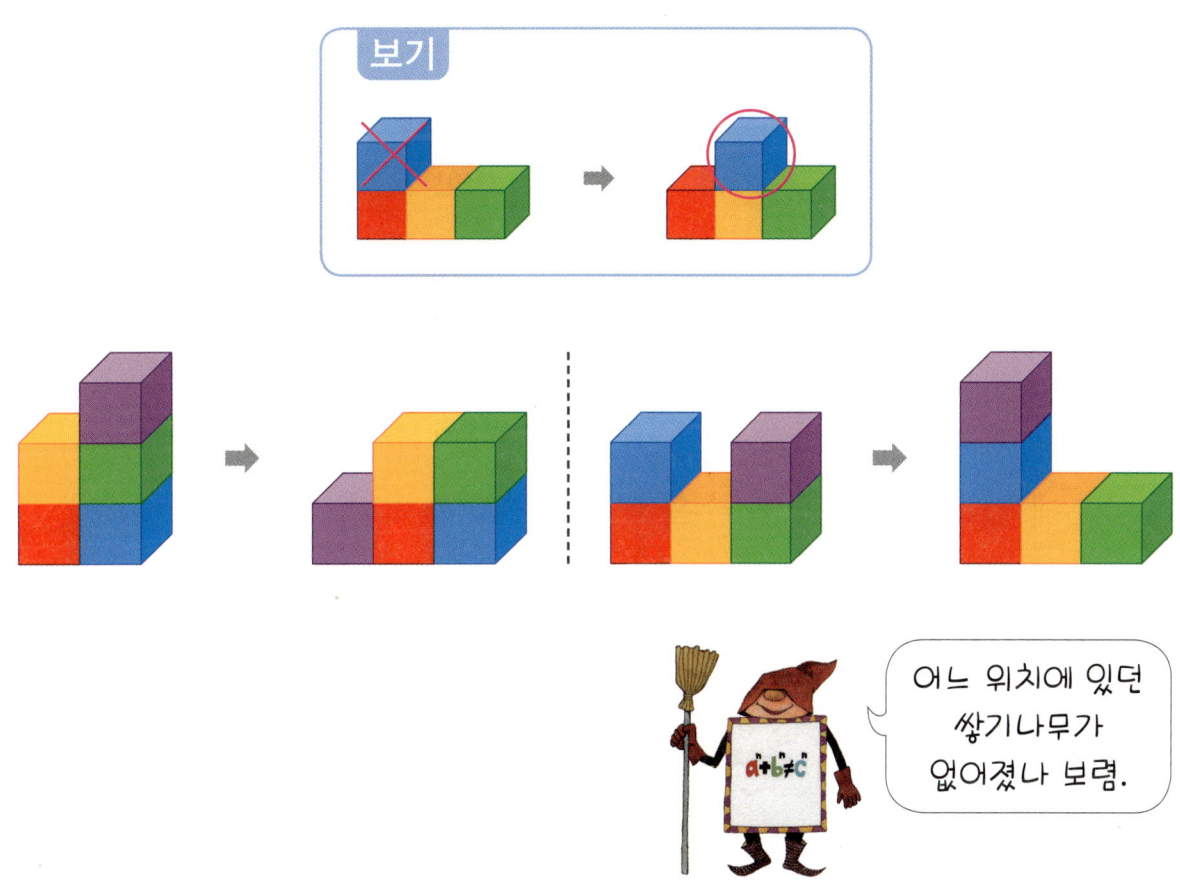

어느 위치에 있던 쌓기나무가 없어졌나 보렴.

 노크 포인트

① 쌓기나무로 만든 모양에서 사용된 쌓기나무의 수를 구할 때는 각 층에 놓인 개수의 합을 구합니다.

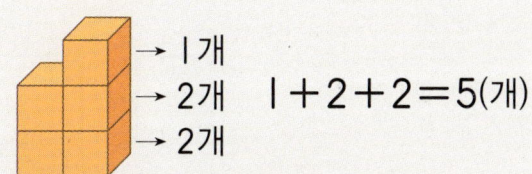

② 쌓기나무로 만든 다음 모양은 돌리거나 뒤집었을 때 모두 같은 모양입니다.

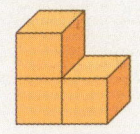 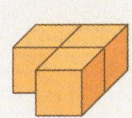  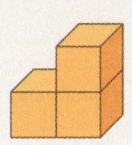

쌓기나무의 개수

큐리가 여러 가지 색깔 쌓기나무를 이용하여 다음과 같은 모양을 만들었습니다. 사용한 쌓기나무는 몇 개인지 알아봅시다.

❶ 큐리가 만든 모양을 아래부터 1층, 2층, 3층이라고 부릅니다. 1층, 2층, 3층에 있는 쌓기나무의 수를 아래 ☐ 안에 써넣으시오.

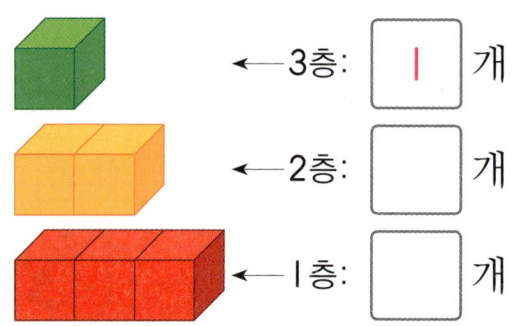

←── 3층: ☐ 1 개

←── 2층: ☐ 개

←── 1층: ☐ 개

❷ ❶에서 구한 쌓기나무의 수를 더하시오.

☐ + ☐ + ☐ = ☐ (개)

❸ 큐리가 사용한 쌓기나무의 수를 구하시오.

1 주머니 안에 들어 있는 쌓기나무를 모두 사용하여 만들 수 있는 모양을 찾
아 선으로 이으시오. (단, 보이지 않는 쌓기나무는 없습니다.)

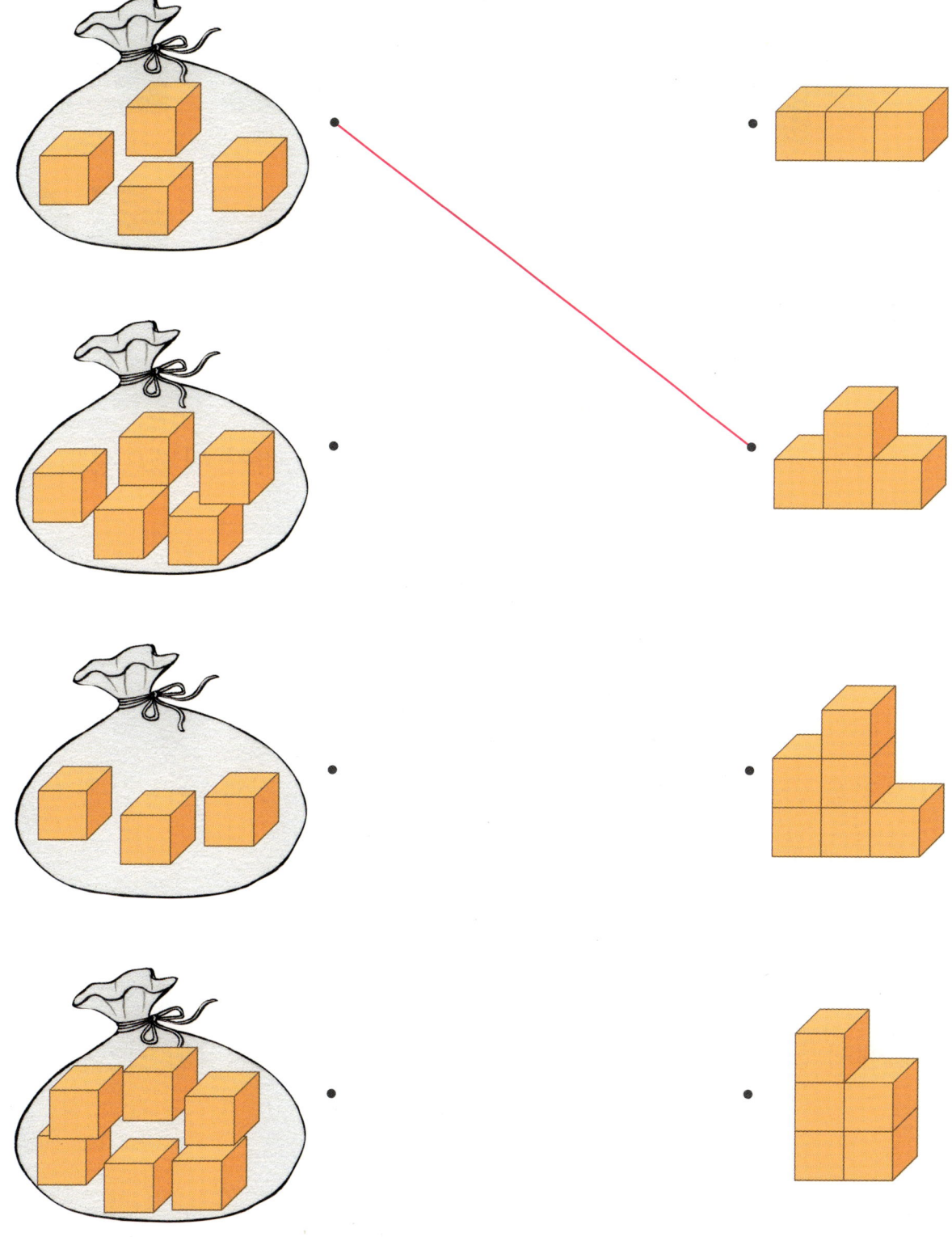

같은 모양

왼쪽은 두 가지 색깔 쌓기나무를 사용하여 만든 모양입니다. 주어진 모양과 같은 모양의 기호를 쓰시오.

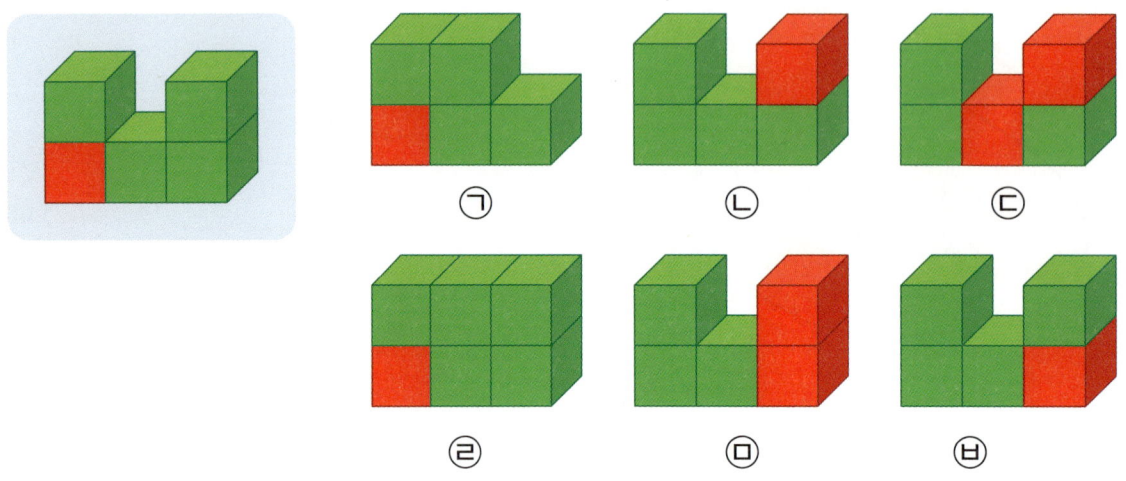

㉠   ㉡   ㉢

㉣   ㉤   ㉥

❶ 주어진 모양에서 사용한 색깔 쌓기나무의 수를 각각 써넣으시오.

❷ 모양을 만든 색깔 쌓기나무의 수가 ❶에서 구한 것과 각각 같은 모양의 기호를 모두 쓰시오.

❸ ❷에서 찾은 모양 중 주어진 모양을 돌렸을 때 같은 것의 기호를 쓰시오.

1 같은 모양끼리 선으로 묶으시오.

색종이 접기

티나가 색종이를 접어 모양을 만들고 있습니다. 여러분도 색종이를 한 번 접어 다음 모양을 만들어 보시오.

준비물　네모 색종이

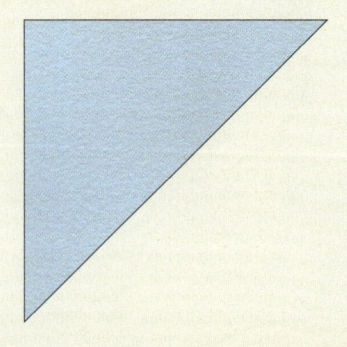

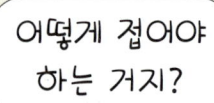

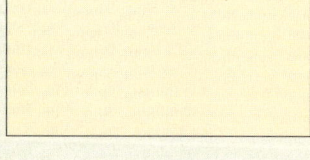

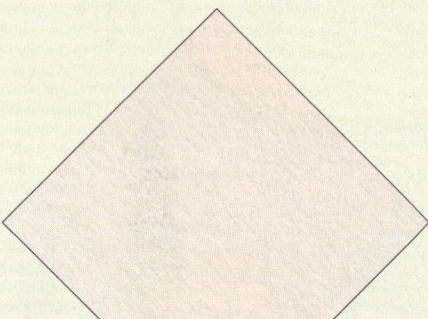

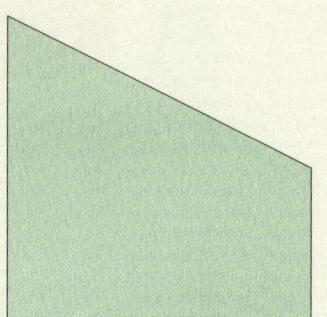

🔄 다음 색종이를 한 번 접어 만들 수 없는 모양을 찾아 ✕표 하시오.

꼭 한 번만
접어야 하는 거야!

 노크 포인트

① 색종이를 반으로 접었다 펼치면 왼쪽
과 오른쪽의 모양이 같습니다.

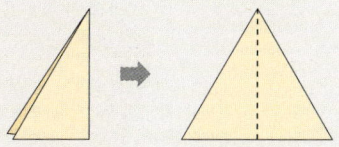

② 색종이를 반으로 접어 자른 후 펼치
면 자른 부분의 왼쪽과 오른쪽이 같
습니다.

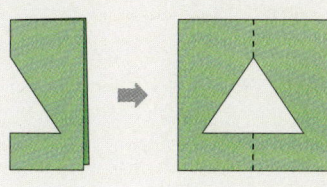

접은 색종이 펴기

똑같이 반으로 접은 색종이를 펼친 모양을 찾아 선으로 이으시오.

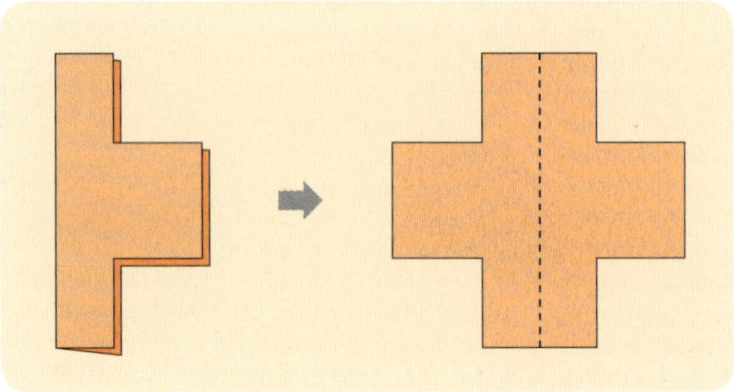

접은 모양을 펼치면 이런 모양이 나와.

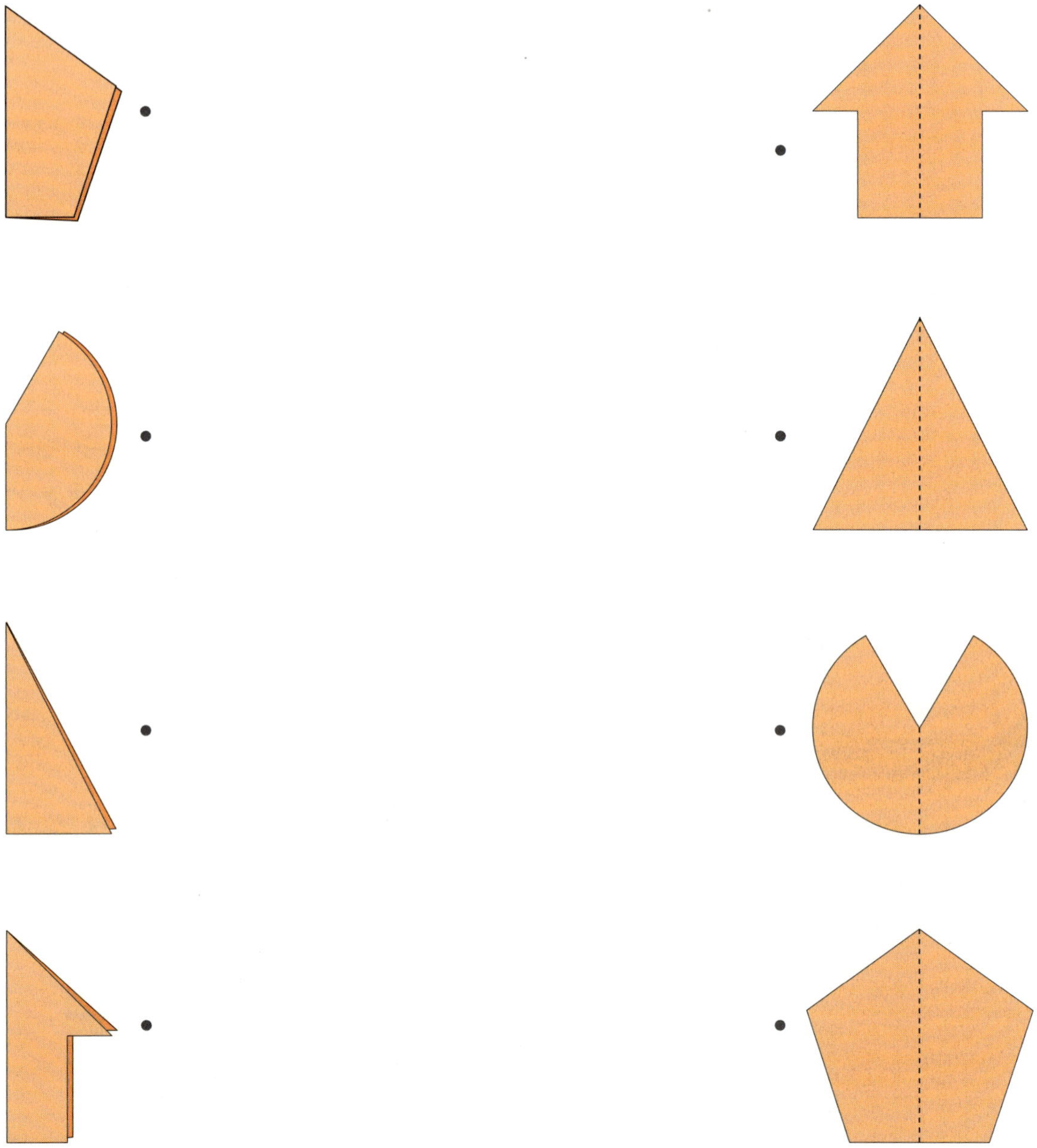

1 접은 색종이를 펼쳤을 때 올바른 모양을 고르시오.

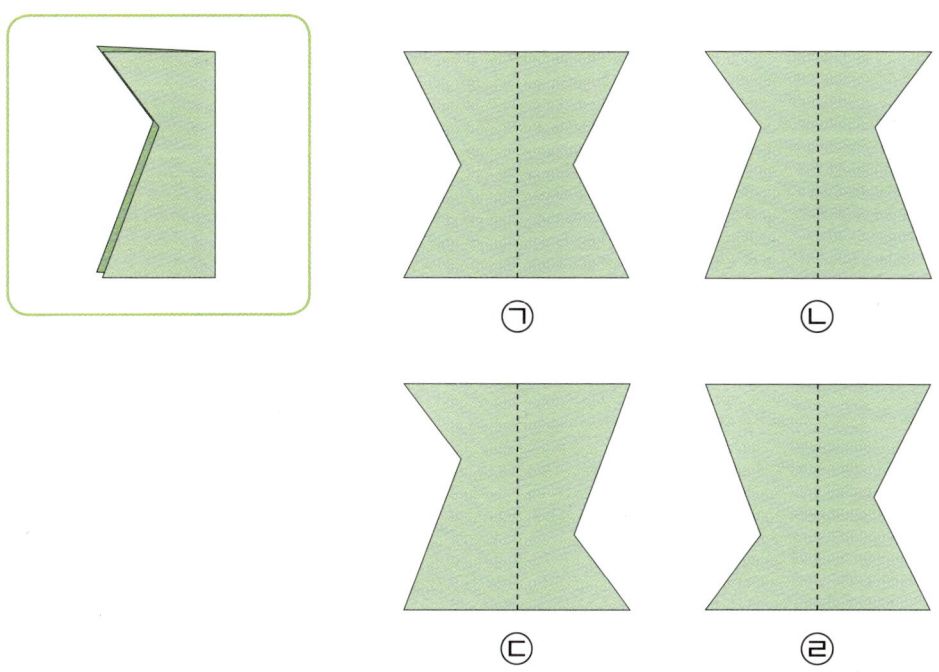

ㄱ

ㄴ

ㄷ

ㄹ

[펼친 모양 그리기]

2 보기 와 같이 접은 색종이를 펼쳤을 때 모양을 그리시오.

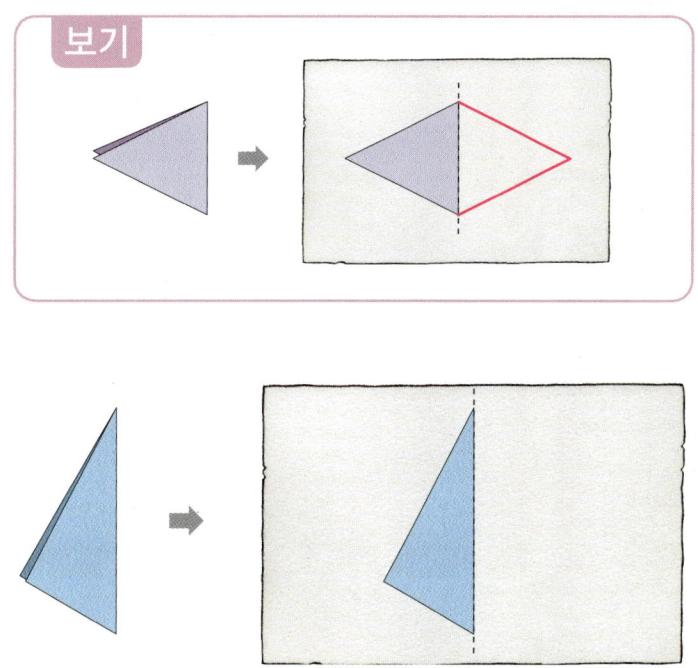

보기

색종이 자르기

선을 따라 색종이를 자릅니다. 꼬마 요괴가 들고 있는 모양은 어떤 색종이를 자른 것인지 찾아 기호를 쓰시오.

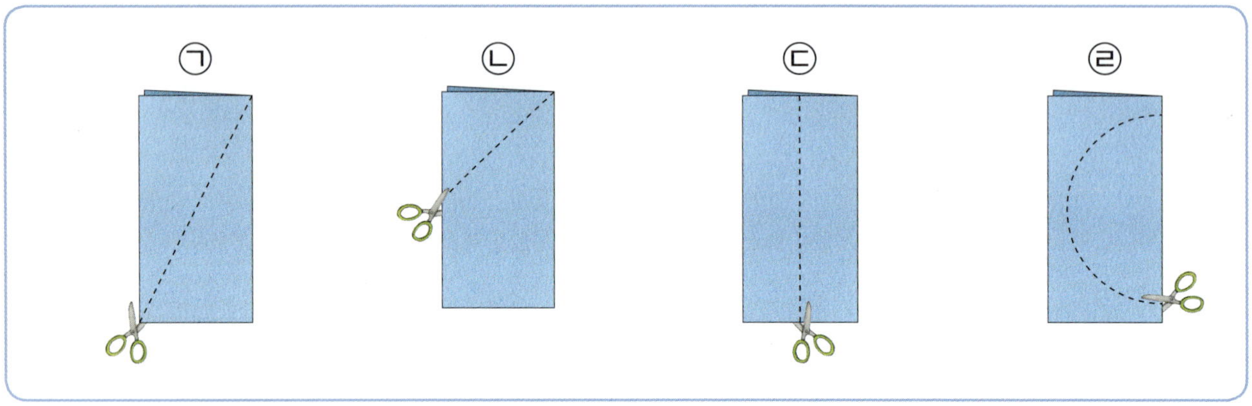

ㄱ　　　　　ㄴ　　　　　ㄷ　　　　　ㄹ

네모 모양이
나오도록 자른
색종이를 찾아봐.

동그라미
모양으로 자른
종이를 찾아봐.

[자른 색종이]

1 색종이를 반으로 접어서 잘랐을 때 모양과 펼친 모양을 선으로 이으시오.

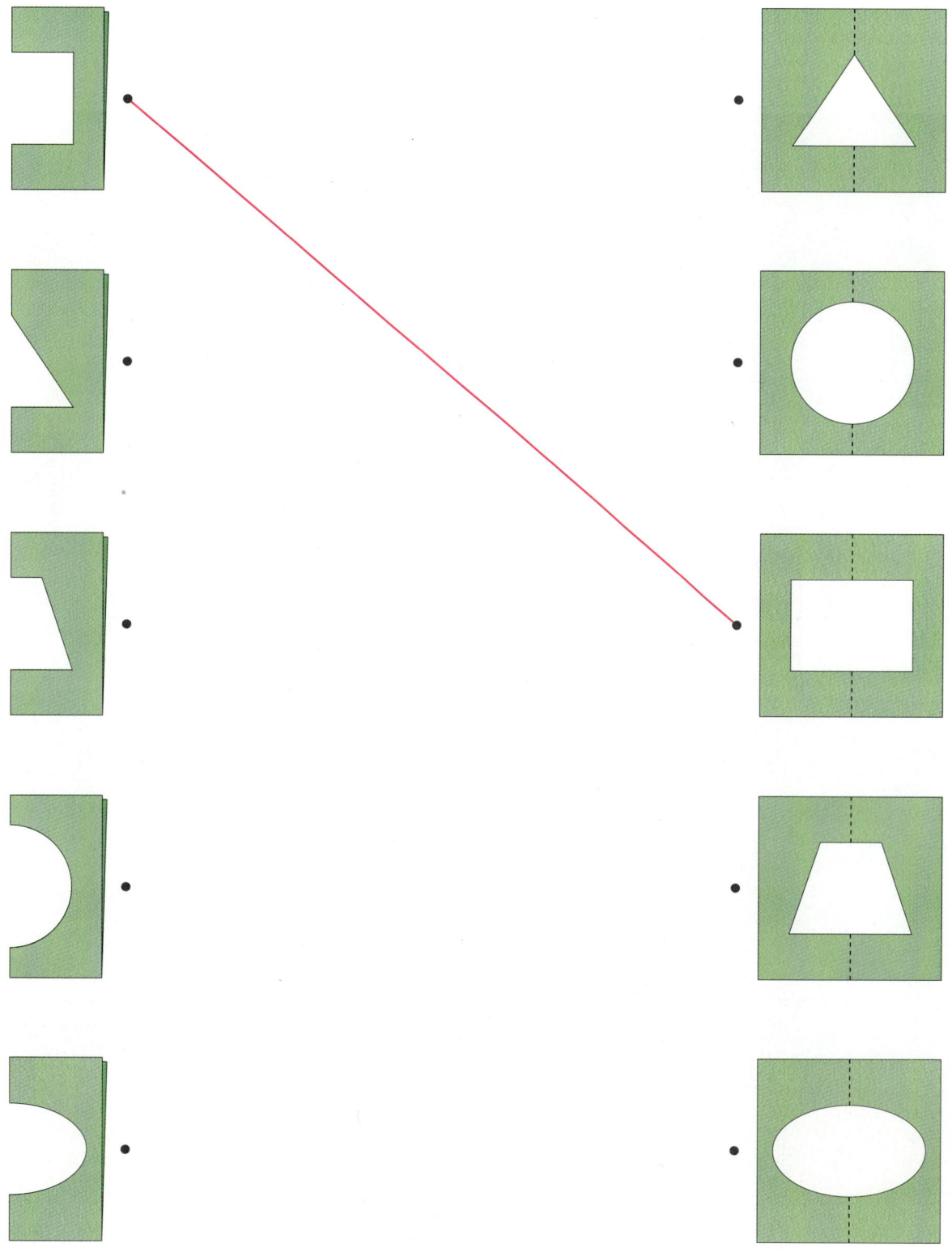

태돌, 티나, 현우, 큐리가 유치원에 가는 모습입니다. 이 모습은 친구들의 위, 앞, 옆 중 어디에서 본 모습인지 이야기하여 봅시다.

큐리를 3대의 카메라로 찍은 것입니다. 다음 사진은 3대의 카메라 중 어느 카메라로 찍은 것입니까?

어느 방향에서 보느냐에 따라 보이는 모습이 다릅니다.

위

앞   옆

위   앞   옆

여러 방향에서 본 모양

티나가 탁자 위에 있는 물체를 바라봅니다. 티나가 본 모습을 찾아 ○표 하시오.

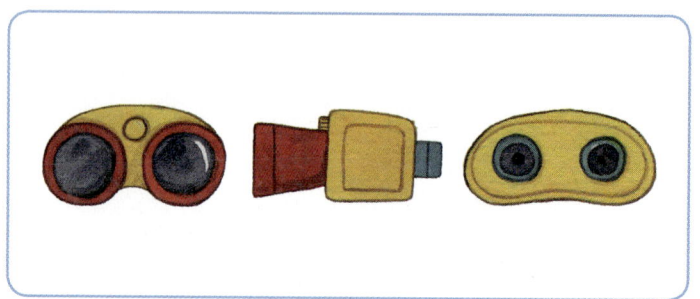

[위, 앞, 옆 사진]

1 다음 물건을 화살표 방향에서 본 모습에 알맞은 스티커를 붙이시오.

준비물 위앞옆 스티커

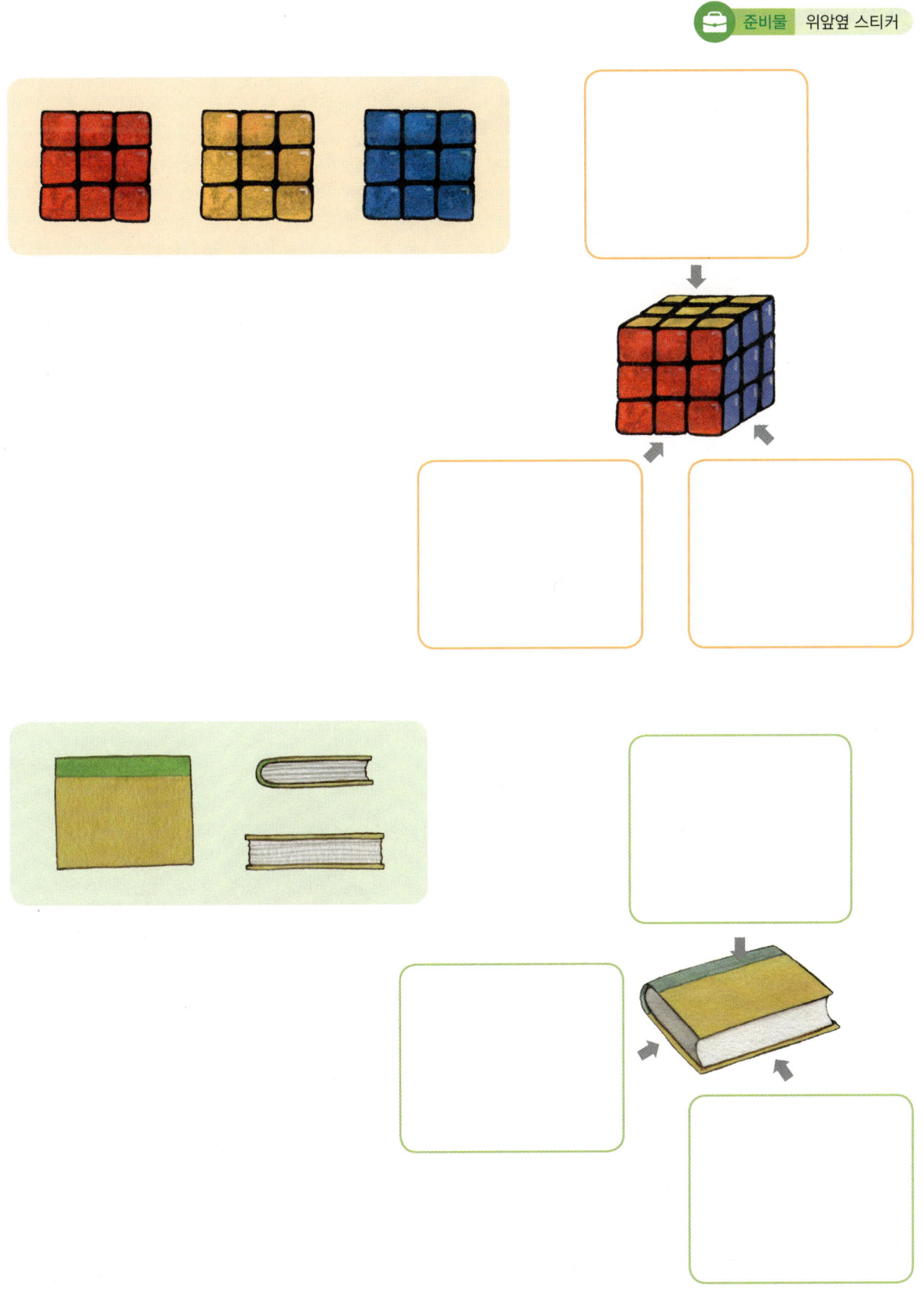

위에서 본 모양

다음은 막대에 꽂혀 있는 원반을 위에서 보고 태돌이와 현우가 그림으로 나타낸 것입니다. 태돌, 현우와 같은 방법으로 위에서 본 원반을 색칠하여 나타내시오.

[쌓기나무로 만든 모양]

1 쌓기나무로 만든 모양을 위에서 보면 다음과 같이 보입니다. 위에서 본 모양을 선을 따라 그리고 색칠하여 나타내시오.

위에서 보면 아래 가려진 쌓기나무는 보이지 않아.

휴…… 색칠하기 힘들다.

1 티나가 색종이를 반으로 접고 잘라서 다음과 같은 모양을 만들었습니다. 접은 색종이 위에 자른 선을 그려 보시오.

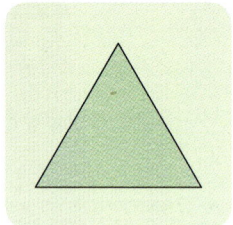    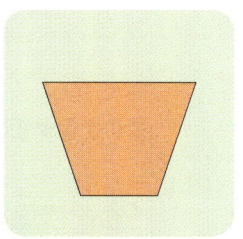 

     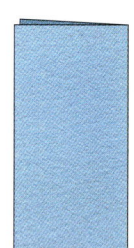

티나는 어떻게 만든 거지? 난 방법을 모르겠어.

2 쌓기나무로 만든 모양을 앞에서 본 모양을 바르게 그린 것의 기호를 쓰시오.

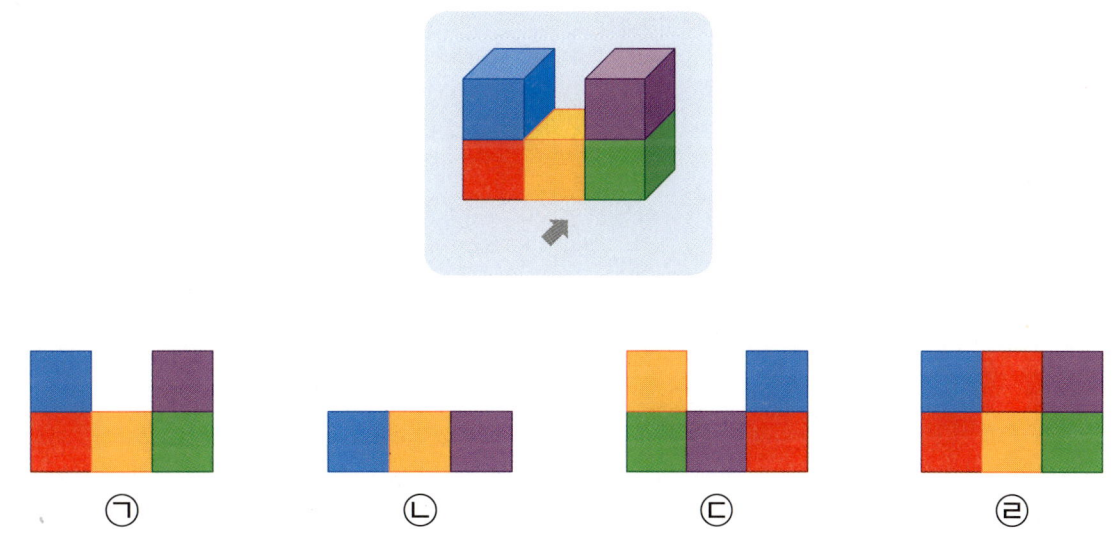

3 다음 모양과 같은 개수의 쌓기나무를 사용하여 만든 모양을 찾아 ○표 하시오. (단, 보이지 않는 쌓기나무는 없습니다.)

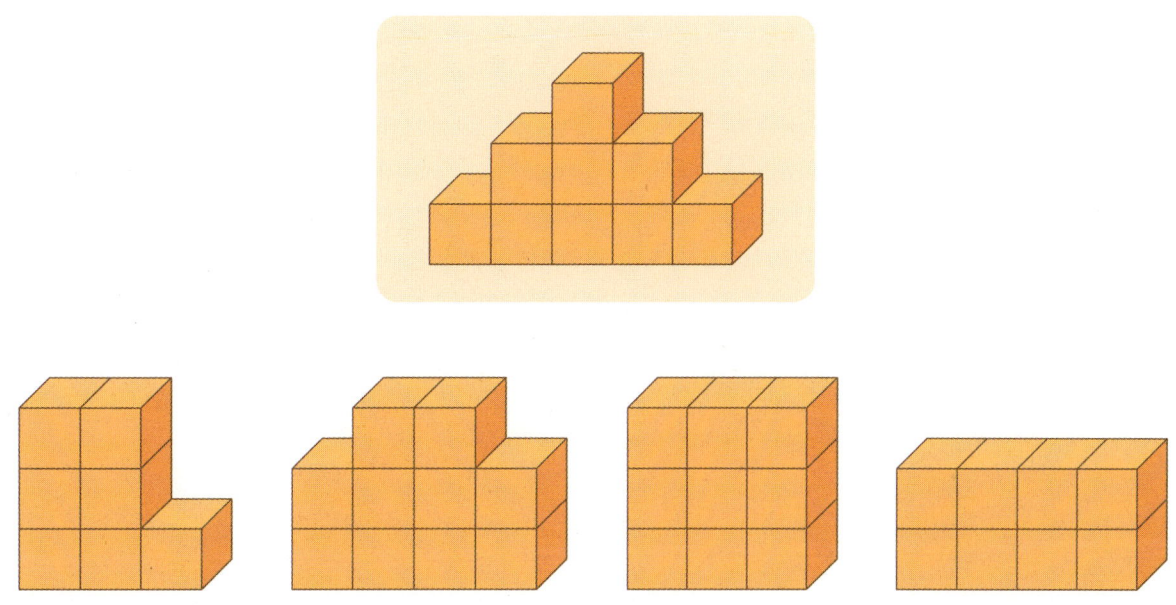

MEMO

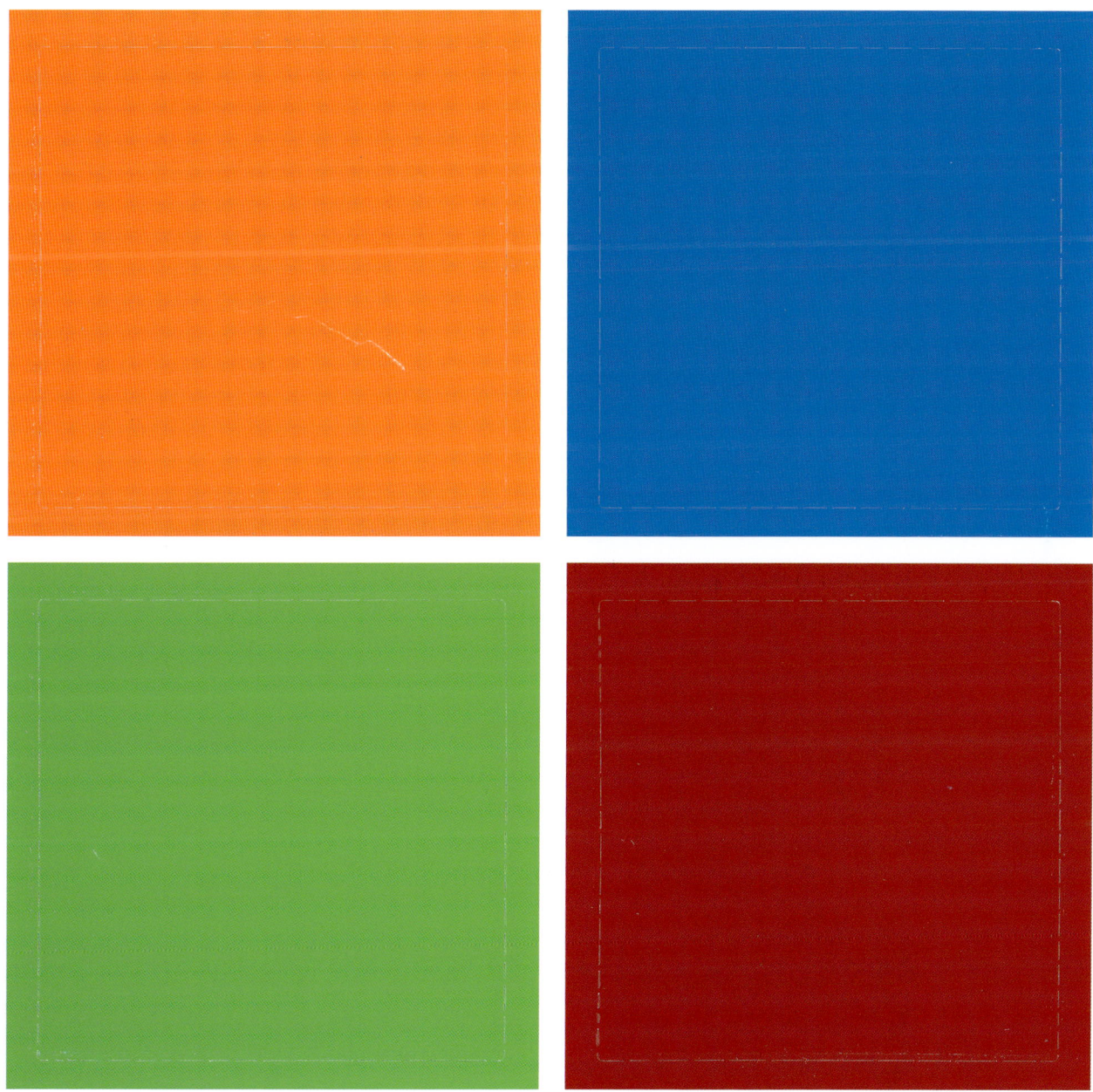

정답및 해설

입체
도형

PA7

(7~8세)

누구나 쉽고 재미있게

사고력
수학

노그

천재교육

누구나 쉽고 재미있게
사고력
수학
누크

정답 및 해설

누구나
쉽고 재미있게

사고력 수학

느ㅋ

PA7
(7~8세)

입체도형

Chapter 1

위치

1 안과 밖, 앞과 뒤

뛰어 요괴가 술래가 되어 친구들과 잡기놀이를 하고 있습니다. 뛰어 요괴가 친구들을 다 잡아야 놀이가 끝이 나고, 잡힌 친구들은 동그라미 안에 들어가 있습니다.

폴짝폴짝 뛰어서 다 잡아야지.

밖   안

동그라미 안과 동그라미 밖에 있는 사람의 수를 각각 ☐ 안에 써넣으시오. (단, 뛰어 요괴는 세지 않습니다.)

동그라미 안: **2** 명   동그라미 밖: **4** 명

티나와 현우가 경찰 놀이를 합니다. 도둑을 맡은 친구가 도망가면 경찰을 맡은 친구가 잡습니다. 경찰을 맡은 친구는 누구입니까? **현우**

앞에 가는 사람 도둑~ 뒤에 가는 사람 경찰♬

앞 ←   → 뒤

티니   현우

현우가 하는 말을 보면 누가 경찰인지 알 수 있어.

앞에 가는 사람이 도둑이고, 뒤에 가는 사람이 경찰이므로 티나와 현우 중 앞에 있는 티나가 도둑, 뒤에 있는 현우가 경찰입니다.

노코 포인트

위치를 나타내는 여러 가지 표현이 있습니다.

안
밖

연필은 필통 안에 있습니다. 자는 필통 밖에 있습니다.

위
아래

바나나는 탁자 위에 있습니다. 포도는 탁자 아래에 있습니다.

앞
왼쪽   오른쪽
뒤

곰돌이의 방향에 따라 왼쪽, 오른쪽, 앞, 뒤가 달라집니다.

🐭 왼쪽, 오른쪽

대마법사 멀린과 현우가 왼쪽, 오른쪽 놀이를 하고 있습니다. '왼쪽'이라고 하면 왼쪽 깃발을 올리고, '오른쪽'이라고 하면 오른쪽 깃발을 올립니다. 멀린이 이야기한 순서에 따라 깃발을 올리는 스티커를 붙이시오.

준비물 깃발 스티커

오른쪽, 왼쪽!

왼쪽 오른쪽 왼쪽 오른쪽

멀린

왼쪽, 왼쪽, 오른쪽!

뒤돌아 있는 현우는 아이와 왼쪽, 오른쪽 방향이 같습니다. 아이와 왼쪽, 오른쪽 깃발 놀이를 하며 왼쪽, 오른쪽 방향을 알도록 합니다.

티나가 깃발을 올린 모습을 보고 ☐ 안에 알맞은 말을 써넣으시오.

오른쪽   **왼** 쪽   **오른**쪽   두 손 모두

[악수]

1 태돌이와 큐리가 악수를 합니다. 태돌이와 큐리는 각각 오른손과 왼손 중 어느 손으로 악수를 하였습니까?

태돌: **오른** 손   큐리: **오른** 손

마주 보고 있는 사람의 오른(왼)쪽은 자신의 왼(오른)쪽에 있다는 것을 알려줍니다.

[지하철]

2 지하철에 탄 현우는 다음과 같은 안내 방송을 들었습니다. 이번 역에서 열리는 문의 기호를 쓰시오. **㉠**

이번 역은 염창역입니다. 내리실 문은 오른쪽입니다.

㉠   ㉡

지하철이 가는 쪽을 보고 왼쪽, 오른쪽을 구분해야 해.

🐛 위, 아래

꼬마 요괴들이 사는 나무집입니다. 꼬마 요괴들의 이야기를 보고 요괴들의 집과 요괴를 알맞게 선으로 이으시오.

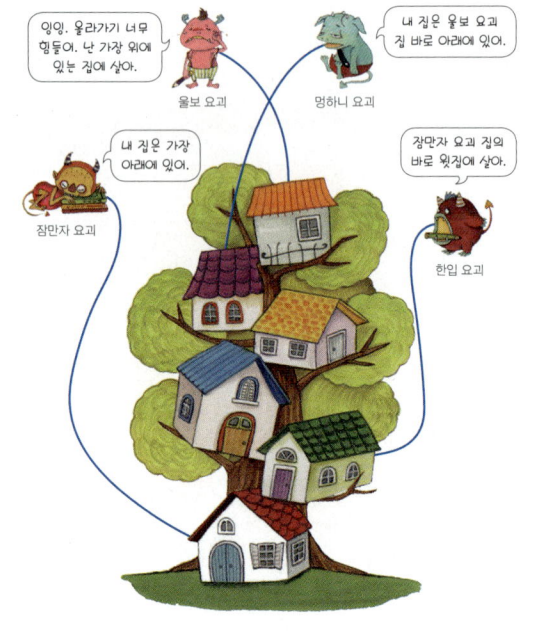

[심부름]

1 티나는 부모님을 도와 집안 정리를 합니다.

❶ 아버지의 말을 읽고 신발 스티커를 신발장에 알맞게 붙이시오.

티나야, 네 빨간구두(👞)는 가장 아래에 놓고, 아빠 구두(👞)는 가장 위에 놓으렴. 엄마 구두(👠)는 아빠 구두 바로 아래, 언니 운동화(👟)는 네 구두 바로 위 칸에 놓으렴.

티나 아버지

← 가장 위

← 가장 아래

❷ 어머니의 말을 읽고 음식 스티커를 냉장고에 알맞게 붙이시오.

냉장고 가장 위 칸의 빈 곳에 우유(🥛)를 넣고, 달걀이 있는 칸의 바로 아래에 꿀단지(🍯)를 넣으렴. 수박(🍉)은 가장 아래 칸에 넣으면 되겠구나.

티나 어머니

② 위치

그림을 보고 말을 바르게 한 사람을 모두 찾아 이름을 쓰시오. **현우, 큐리**

위

곰 둥이 아래에 새가 있어.

태돌

연못 안에 금붕어가 있고, 연못 밖에 개구리가 있어.

현우

왼

곰 둥이 오른쪽에 잠자는 토끼가 있어.

티나

잠자는 토끼 위에 참새가 앉아 있어.

큐리

❶ 그림을 보고 알맞은 말을 찾아 ☐ 안에 써넣으시오.

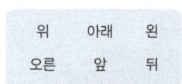

위	아래	왼
오른	앞	뒤

- 모자는 아이의 머리 **위** 에 있습니다.

- 별은 아이의 **오른** 손에 있습니다.

- 선물 상자는 크리스마스 트리의 **아래** 에 있습니다.

🐶 **토크 포인트**

위치를 나타내는 여러 가지 표현을 함께 사용하여 현재의 위치를 나타낼 수 있습니다.

왼쪽   오른쪽

🐰 는 아래 칸의 오른쪽 옆에 있습니다.

👧 는 위 칸의 왼쪽 옆에 있습니다.

🐦 새 아파트

다음은 현재 새들이 살고 있는 아파트입니다. 새들이 대마왕의 명령에 따라 이사를 가려고 합니다. 이사갈 집을 색칠하여 나타내시오.

잘 보고 이사하도록 해!

왼쪽   오른쪽

대마왕

> 빨간 새, 너는 오른쪽으로 2칸, 아래쪽으로 2칸 움직여서 이사해. 이사하는 집을 빨간색으로 칠하렴.

> 파란 새, 너는 왼쪽으로 3칸, 위쪽으로 1칸 움직여서 이사해. 이사하는 집을 파란색으로 칠하렴.

> 노란 새, 너는 오른쪽으로 1칸, 위쪽으로 3칸 움직여서 이사해. 이사하는 집을 노란색으로 칠하렴.

[집 찾기]

1 새들이 자기 집을 이야기하고 있습니다. 아파트에서 각 새들의 집을 찾아 알맞은 새 스티커를 붙이시오. 〔준비물〕 새 스티커

난 🐦의 집 오른쪽 3칸 옆에 살지.

난 🐦의 집 2칸 아래에 있는 집에 살아.

🐦의 집 바로 오른쪽 옆에 내가 살지.

🐦의 집 왼쪽 1칸, 위로 2칸 올라간 곳에 살아.

🦫 자리 찾기

다음 조건에 따라 큐리, 티나, 현우의 자리를 찾고 □ 안에 이름을 쓰려고 합니다. 물음에 답하시오.

티나
현우   큐리
태돌

조건
1. 태돌이 오른쪽에 큐리가 앉아 있습니다.
2. 태돌이 왼쪽에 현우가 앉아 있습니다.
3. 태돌이 앞에 티나가 앉아 있습니다.

❶ 태돌이의 왼쪽은 왼, 오른쪽은 오, 앞은 앞이라고 ○ 안에 써넣으시오

앞
왼   오
태돌

❷ ❶을 보고 조건에 맞게 큐리, 현우, 티나의 이름을 써넣으시오.
❶에서 찾은 위치에 맞게 조건에 나오는 세 아이들의 자리를 정합니다. 아이가 어려워하는 경우 탁자를 지우고 생각합니다.

[둥글게 서기]

1 꼬마 요괴들이 마법의 수정 구슬 둘레에 마법의 수정 구슬을 마주 보며 둥글게 서있습니다. 조건에 맞게 🟪 안에 요괴 스티커를 붙이고, 소원을 빌고 있는 요괴는 누구인지 쓰시오. **장난 요괴** 〔준비물〕 요괴 스티커

조건
1. 멍하니 요괴의 왼쪽에 한입 요괴가 있습니다.
2. 멍하니 요괴의 오른쪽에 거꾸로 요괴가 있습니다.
3. 한입 요괴의 왼쪽에 장난 요괴가 있습니다.
4. 거꾸로 요괴의 오른쪽에 잠만자 요괴가 있습니다.

오른쪽 ← → 왼쪽

멍하니 요괴

마법의 수정 구슬

매일 새로운 장난을 치게 해주세요.

 멍하니 요괴   장난 요괴   거꾸로 요괴   한입 요괴   잠만자 요괴

3 길 따라가기

현우가 정해진 방향대로 길을 따라갑니다.

주어진 방향대로 가는 길을 선으로 나타내고 도착한 곳에 ○표 하시오.

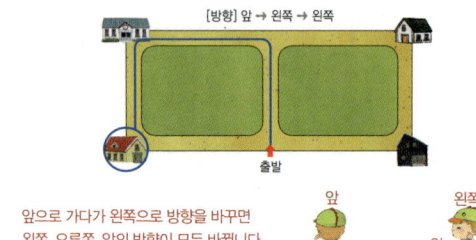

앞으로 가다가 왼쪽으로 방향을 바꾸면
왼쪽, 오른쪽, 앞의 방향이 모두 바뀝니다.

티나가 가는 길을 보고 방향을 올바르게 설명한 것의 기호를 쓰시오. ㉢

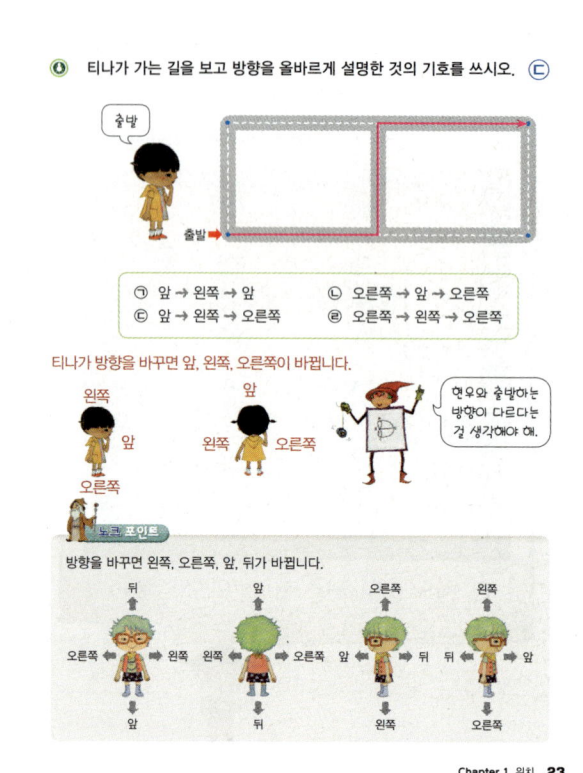

㉠ 앞 → 왼쪽 → 앞   ㉡ 오른쪽 → 앞 → 오른쪽
㉢ 앞 → 왼쪽 → 오른쪽   ㉣ 오른쪽 → 왼쪽 → 오른쪽

티나가 방향을 바꾸면 앞, 왼쪽, 오른쪽이 바뀝니다.

누구 포인트

방향을 바꾸면 왼쪽, 오른쪽, 앞, 뒤가 바뀝니다.

로봇 조종

태돌이의 장난감 로봇은 보기 와 같이 색칠한 버튼에 맞게 갈래길이 나올 때까지
길을 이동합니다. 장난감 로봇이 가는 길을 선으로 나타내시오.

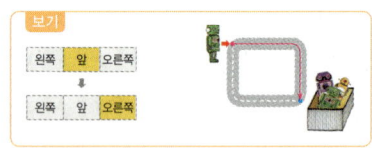

❶
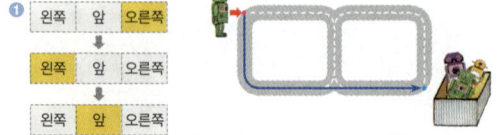
몸의 방향이 바뀌면서 아이가 왼쪽, 오른쪽, 앞이 헷갈려 하는 경우 일어나서 직접
해 보도록 지도합니다.

❷
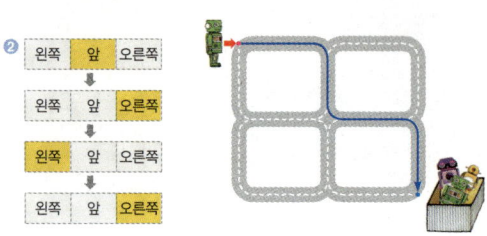

[두 로봇]

1 버튼을 누르면 두 로봇이 동시에 버튼에 맞게 갈래길이 나올 때까지 길을
이동합니다. 두 로봇이 가는 길을 각각 선으로 나타내시오. 또, 가 있는
곳에 갈 수 있는 로봇에 ○표 하시오.

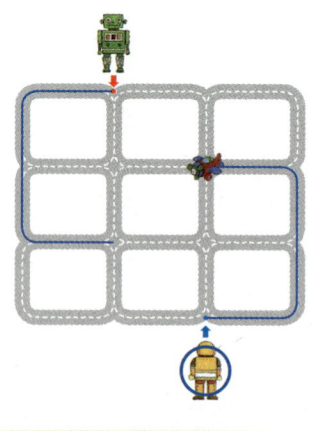

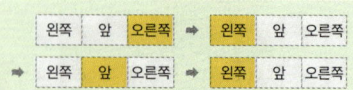

정답 및 해설 **5**

🧭 방향 찾기

큐리는 무서운 동물들을 피해 보물을 가지러 갈 수 있는 길을 보물 지도에 적기로 하였습니다. ☐ 안에 왼 또는 오른을 알맞게 써넣으시오.

왼 쪽 → 오른 쪽 → 왼 쪽 → 오른 쪽 → 도착

깃발이 있는 곳에서 나처럼 서서 지도를 봐야 해.

[돼지 꿀꿀]

1 돼지가 길을 따라 크림빵을 먹으러 갑니다. 돼지가 빵이 있는 곳까지 가는 방법을 선으로 그리시오. 또, 한 칸씩 움직일 때마다 가는 길을 앞, 왼쪽, 오른쪽으로 적어 나타내시오.

❶

[방법] **예** 앞 → 앞 → 앞 → 오른쪽 → 앞

여러 가지 답이 있습니다.

네가 원하는 길을 따라서 돼지가 빵을 가지러 가도록 해 봐.

❷

[방법] **예** 앞 → 앞 → 앞 → 왼쪽 → 앞 → 왼쪽

여러 가지 답이 있습니다.

🧒 창의적 문제해결력

1 동, 서, 남, 북을 알아봅시다.

❶ 현우가 북쪽을 바라보고 섰을 때 뒤쪽이 남쪽, 오른쪽이 동쪽, 왼쪽이 서쪽입니다. ☐ 안에 동, 서, 남을 알맞게 써넣으시오.

북

서   동

남

❷ 해가 뜰 때 티나가 바라보고 있는 방향은 동, 서, 남, 북 중 어디입니까? **북쪽**

책을 보니 해가 동쪽에서 뜨고 서쪽으로 진다는군.

📹 동영상 특강
QR 코드를 찍어 보세요!

2 다음 설명에 맞게 스티커를 붙여 보물섬을 꾸며 보시오. 🟢 준비물 보물섬 스티커

1. 해적 큐리가 남쪽을 보고 서 있습니다.
2. 섬의 서쪽에 나무가 있습니다.
3. 나무 위에는 새가 앉아 있고, 아래에는 연못이 있습니다.
4. 큐리의 왼쪽 옆에 보물상자가 있습니다.
5. 섬의 동쪽에 잠만자 요괴가 있습니다.

큐리

---

6 PA7 입체도형

4 어떻게 알지?

태돌이네 가족들은 영화 '죠스'를 보고 있습니다. '죠스'는 사람을 잡아먹는 상어가 나오는 무서운 영화입니다.

보이지도 않는데 죠스가 나타난 걸 사람들이 아네요.

영화 속 사람들은 바다 속에 있는 식인 상어 '죠스'가 나타난 것을 어떻게 알았을까요?

죠스

죠스의 세모 모양 지느러미가 바다 위로 나온 것을 보고 죠스가 왔음을 알았습니다.

현우가 동물원에서 찍은 사진이 찢어졌습니다. 사진 조각 중 현우가 찍은 사진의 조각이 아닌 것을 찾아 ✕표 하시오.

엉엉, 장난치다가 4조각으로 찢어졌어.

현우

조각을 다 모으면 다시 하나로 만들 수 있어요?

조각을 모두 가져오면 붙여 주마.

사진 속 사자와 찢어진 조각을 비교하면 꼬리의 모양이 다르다는 것을 알 수 있습니다. 사진 속 꼬리는 잔디밭 위에 올려져 있는데, 조각 속 꼬리는 위로 올려져 있습니다.

보고 포인트

부분을 보고 전체를 알 수 있습니다.

등껍질을 보고 거북이임을 알 수 있습니다.

코를 보고 코끼리임을 알 수 있습니다.

숨바꼭질

꼬마 요괴 6마리가 숨바꼭질을 하고 있습니다. 다음 중 나무 뒤에 숨어 있는 요괴를 찾아 ○표, 물 속에 숨어 있는 요괴를 찾아 △표 하시오.

오앙, 못 찾겠어!

한입 요괴

딴소리 요괴

나무 뒤에 있는 요괴의 꼬리 모양과 조끼, 손 모양을 보고 딴소리 요괴임을 알 수 있고, 물 속 요괴의 뿔 모양과 꼬리, 눈 모양을 보고 한입 요괴임을 알 수 있습니다.

[커튼 뒤 동물]

1 커튼 뒤에 있는 동물을 찾아 알맞게 선으로 이으시오.

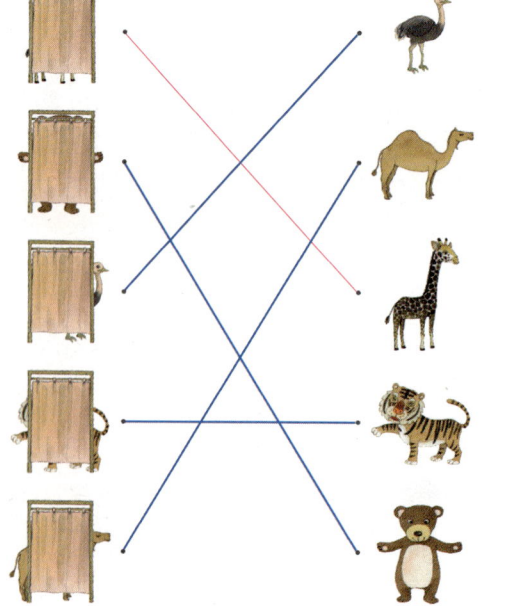

정답 및 해설 **7**

🐛 부분 보고 전체 알기

대마왕은 아래 사진들을 보고 쿠키를 먹은 꼬마 요괴들을 찾아내었습니다. 다음 사진 중 각 꼬마 요괴를 찍은 사진을 모두 찾아 기호를 쓰시오.

난 사진만 보면 딱! 알 수 있지.

대마왕

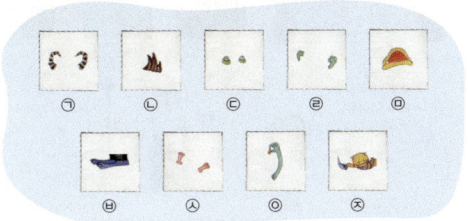

대충이 요괴
ⓒ , ⓜ , ⓞ

울보 요괴
ⓛ , ⓡ , ⓢ

딴짓 요괴
ⓖ , ⓗ , ⓣ

1 [장난감] 주어진 조각을 모아 장난감을 만듭니다. 장난감을 만드는 데 사용하지 않는 조각에 ✕표 하시오.

2 [눈사람] 주어진 물건을 사용하여 왼쪽과 같이 눈사람을 꾸미려고 합니다. 눈사람을 꾸미고 난 후 남은 물건에 모두 ◯표 하시오.

왼쪽의 눈사람과 비교하여 사용된 물건을 하나씩 지워나가면 사용하지 않고 남은 물건을 모두 찾을 수 있습니다.

⑤ 그림자

다음은 현우, 티나, 큐리의 그림자입니다.

현우   티나   큐리

위의 그림자를 보고 알 수 있는 사실을 써 보시오.
예 그림자로 표정을 알 수 없습니다. / 큐리가 두 팔을 올리면 큐리의 그림자도 두 팔을 올립니다. / 그림자는 검은 색입니다.

태돌이의 그림자로 알맞은 것의 기호를 쓰시오. ⓒ

ⓐ   ⓑ   ⓒ   ⓓ

태돌이의 모습과 같은 그림자를 찾습니다.

그림자는 빛이 비칠 때 빛의 반대쪽에 나타납니다. 다음 중 그림자의 방향으로 옳은 것의 기호를 쓰시오. ⓐ

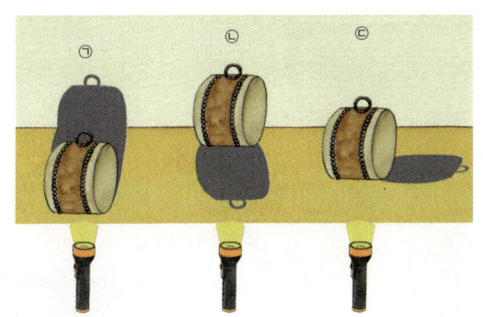

ⓐ   ⓑ   ⓒ

토토 포인트

그림자는 물체에 빛이 비칠 때 빛의 반대쪽에 나타나는 그 물체의 모습입니다.

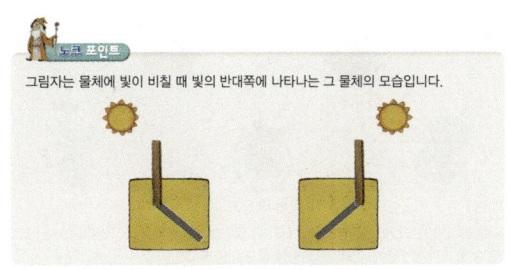

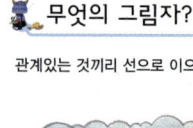 무엇의 그림자?

관계있는 것끼리 선으로 이으시오.

[그림자 맞추기]

1 잠만자 요괴가 그림자의 일부분을 먹어버렸습니다. 그림자 위에 어떤 사물의 그림자였는지 알맞게 스티커를 붙이시오.

준비물 사물 스티커

그림자를 먹으니 줄리네.

그림자에서 찾은 모양의 특징과 모양을 비교해서 무엇의 그림자인지 찾습니다.

 그림자로 만든 모양

다음은 손을 사용하여 만든 그림자 모양입니다. 손 모양에 맞는 그림자 스티커를 붙이고, 그림에 알맞은 이름을 지으시오.

준비물 그림자 스티커

말

예 사냥개
예 대머리독수리
예 게
예 달팽이

나는 손으로 새 그림자를 만들었지.

[그림자 모양]

1 그림자로 만든 모양입니다. 사용한 것을 모두 찾아 ○표 하시오.

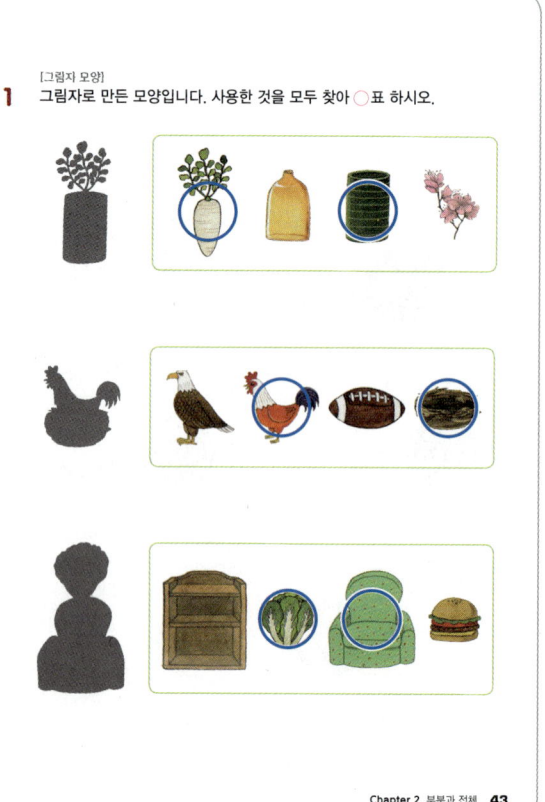

6 거울

거울 속에 비친 현우, 태돌, 큐리의 모습입니다.

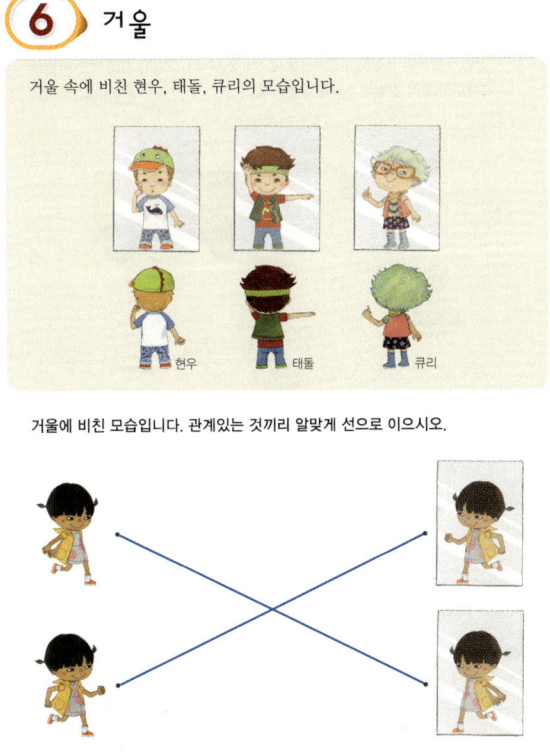

거울에 비친 모습입니다. 관계있는 것끼리 알맞게 선으로 이으시오.

티나가 거울에 비친 모습을 알맞은 스티커를 붙여서 나타내시오.

노코 포인트

① 거울에 비친 모양은 순서가 바뀌지 않습니다.

② 거울에 가까이 있는 물건과 멀리 있는 물건이 바뀌지 않습니다.

| (○) | (×) | (○) | (×) |

 ## 거울 속 왼쪽, 오른쪽

나란히 놓은 과일과 채소를 거울에 비춰 보았습니다. 다음 중 거울에 비친 올바른 모습은 무엇입니까? (㉠)

직접 비춰 봐야 하나?

㉠   ㉡

㉢

거울 속에 아무것도 안 비치도록 다 먹으면 되겠네.

거울은 위치가 변하지 않습니다. 따라서 수박의 위치가 다른 ㉢, ㉣은 답이 아닙니다.
㉠, ㉡ 중 ㉡은 바나나와 감의 위치가 다르므로 ㉠이 정답입니다.

---

1 [왼손, 오른손]
거울에 비친 현우의 모습입니다. 현우는 왼손, 오른손 중 어느 손을 들고 있습니까?

왼손   오른손

거울을 보고 왼(오른)팔을 들면 거울 속 아이는 오른(왼)팔을 듭니다.

2 [왼쪽, 오른쪽]
거울 속 비친 모습이 다음과 같습니다. 실제로 거꾸로 요괴의 왼쪽에 있는 꼬마 요괴는 누구입니까?   울보 요괴

울보 요괴   거꾸로 요괴   장난 요괴

거울 앞에 등을 보이고 서 있는 꼬마 요괴들을 왼쪽부터 순서대로 쓰면 울보 요괴, 거꾸로 요괴, 장난 요괴입니다. 따라서 거꾸로 요괴의 왼쪽에 있는 꼬마 요괴는 울보 요괴입니다.

거울 앞에 서 있는 요괴들이 등을 보이고 있다는 걸 생각해야 해.

틀린 부분 찾기

거울에 비친 모습 중 틀린 부분 2곳을 찾아 ○표 하시오.

공돌이와 탁자 중에 거울에 더 가까이 있는 걸 찾아 봐.

거울에서는 왼쪽 오른쪽이 바뀌어서 보이지 않는단다.

[잘못된 거울]

1 거울로 둘러싸인 방에 꿀꿀이가 들어갔습니다. 거울 4개에 비친 모습 중 잘못 나타낸 것을 찾아 기호를 쓰시오. ㉣

너무 어렵네. 꿀꿀이가 어떻게 보이지?

창의적 문제해결력

1 올바른 그림자를 찾아 기호를 쓰시오. ㉢

♥ 동영상 특강
QR 코드를 찍어 보세요!

2 그림 옆에 거울을 놓으면 거울에 비친 모양은 보기 와 같습니다. 모양 옆에 놓은 거울에 거울 속 비친 모양을 그려 보시오.

보기

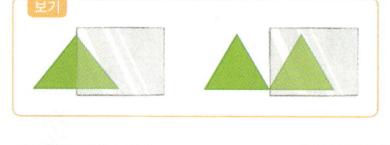

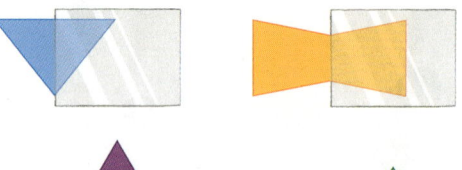

거울을 놓는 방법에 따라 여러 가지 모양이 보이는 게 신기하지?

정답 및 해설 **11**

입체 모형

7 물건의 모양

다른 모양을 찾아 ✕표 하시오.

4가지 모양은 모두 상자 모양이고,
🍊만 공 모양입니다.

4가지 모양은 모두 둥근기둥 모양이
고, 🍰만 상자 모양입니다.

4가지 모양은 모두 공 모양이고,
🥫만 둥근기둥 모양입니다.

4가지 모양은 모두 상자 모양이고,
🪵만 둥근기둥 모양입니다.

같은 모양끼리 선으로 묶으시오.

둥근기둥 모양

공 모양

상자 모양

딱 보니까 알겠네.
비슷하게 생긴 것끼리
묶어지.

뉴코 포인트
입체 모양에는 상자 모양, 둥근기둥 모양, 공 모양이 있습니다.

상자 모양   둥근기둥 모양   공 모양

🤖 입체 모양

대마법사 멀린이 입체 모양의 종류를 보여줍니다. 친구들이 가진 것과 같은 종류
의 입체 모양을 모두 찾아 ◯표 하시오.

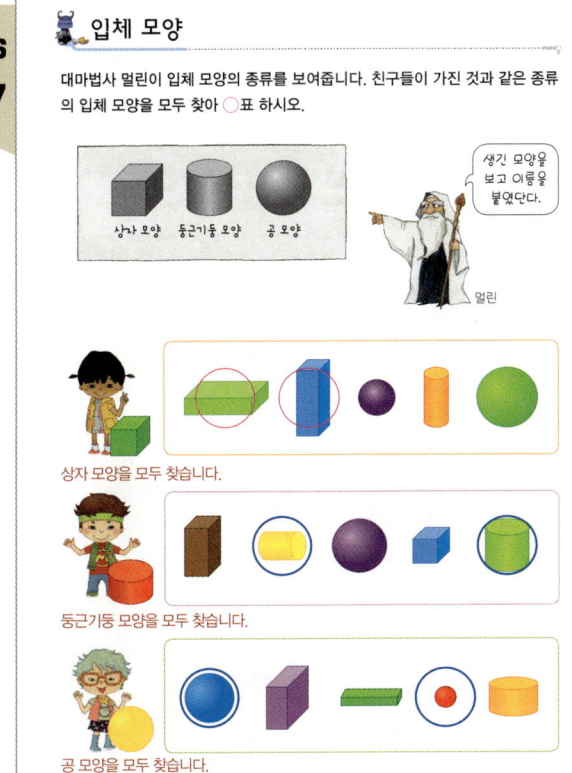

생긴 모양을
보고 이름을
붙였단다.

멀린

상자 모양   둥근기둥 모양   공 모양

상자 모양을 모두 찾습니다.

둥근기둥 모양을 모두 찾습니다.

공 모양을 모두 찾습니다.

[모양 선 긋기]
1 주어진 물건과 관련있는 입체 모양을 찾아 알맞게 선으로 이으시오.

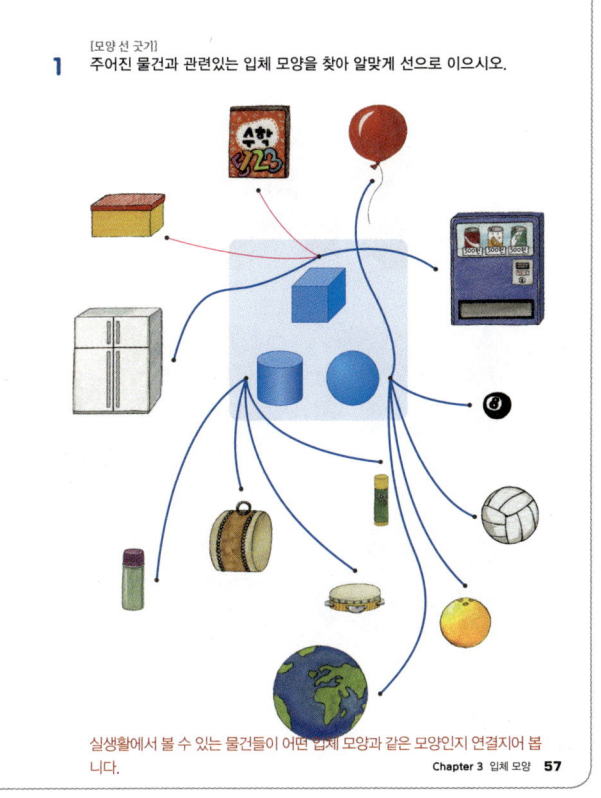

실생활에서 볼 수 있는 물건들이 어떤 입체 모양과 같은 모양인지 연결지어 봅
니다.

같은 모양, 다른 모양

잔디밭에 놓인 입체 모양들을 같은 모양끼리 선으로 묶으시오.

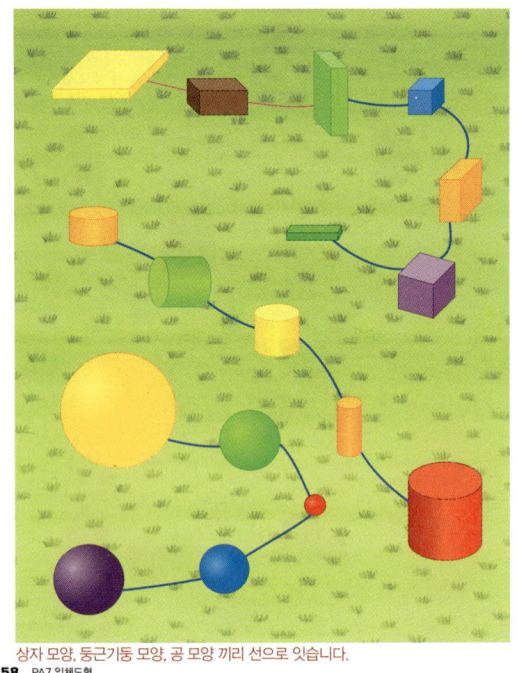

상자 모양, 둥근기둥 모양, 공 모양 끼리 선으로 잇습니다.

[시계 토끼 미로]

1 시계 토끼가 모양이 있는 칸을 지나 미로를 통과합니다. 토끼가 지나는 길을 선으로 나타내시오.

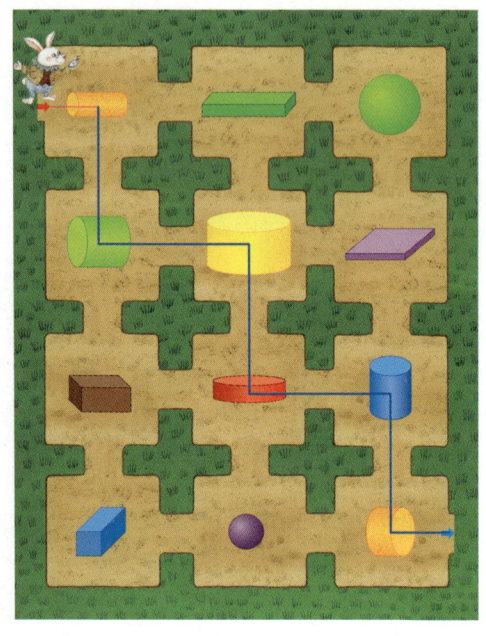

⑧ 입체 모양의 특징

태돌, 큐리, 티나, 현우가 입체 모양에 대해 이야기합니다.

다음 중 설명과 맞는 모양의 물건을 모두 찾아 기호를 쓰시오.

- 둥근 부분이 없습니다. ㉣, ㉤
  상자 모양을 찾습니다.

- 모든 부분이 둥글어서 어느 방향으로도 잘 구릅니다. ㉠, ㉥
  공 모양을 찾습니다.

- 둥근 부분과 평평한 부분이 모두 있습니다. ㉡, ㉢
  둥근기둥 모양을 찾습니다.

포인트

① 상자 모양

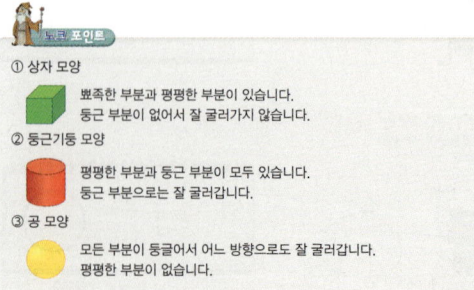

뾰족한 부분과 평평한 부분이 있습니다.
둥근 부분이 없어서 잘 굴러가지 않습니다.

② 둥근기둥 모양

평평한 부분과 둥근 부분이 모두 있습니다.
둥근 부분으로는 잘 굴러갑니다.

③ 공 모양

모든 부분이 둥글어서 어느 방향으로도 잘 굴러갑니다.
평평한 부분이 없습니다.

특징에 맞는 모양

뛰어 요괴가 둥근 부분이 없는 입체 모양을 모두 밟고 강을 건넙니다. 뛰어 요괴가 밟는 입체 모양을 색칠하시오.

미끄러지지 않도록 조심해서 가야겠어.

둥근 부분이 없는 입체 모양은 상자 모양이므로 주어진 모양 중 상자 모양만을 찾아 색칠합니다.

[모양의 특징]

1 각 꼬마 요괴가 원하는 입체 모양을 찾아 알맞은 스티커를 붙이시오.

붙임딱지 입체 모양 스티커

난 공처럼 모든 곳이 둥글둥글한 모양이 좋아.

나는 굴릴 수도 있고, 잘 세울 수도 있는 모양을 원해.

책처럼 배고 잘 수 있게 평평한 부분만 있는 모양이 좋아.

이 중에서 어떤 걸 누구한테 줘야 하지?

모양 퀴즈

꼬마 요괴가 주머니에 손을 넣어 안에 있는 입체 모양을 만지고 이야기합니다. 꼬마 요괴들이 이야기하는 입체 모양을 찾아 선을 따라 그리시오.

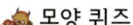

이 주머니에 있는 모양은 뾰족한 곳이 있네. 둥근 부분은 없어.

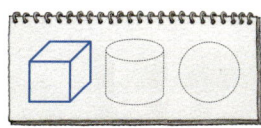

이 모양은 둥그렇네. 어~ 평평한 부분도 있어.

내가 만진 모양은 둥글둥글해. 평평한 부분은 하나도 없네.

둥근 부분이 없다고 하면 상자 모양, 둥근 부분이 있는 모양 중 평평한 부분이 있는 모양은 둥근기둥 모양, 평평한 부분이 없는 모양은 공 모양입니다.

[상자 속 입체 모양]

1 티나와 태돌이가 상자 속 입체 모양을 들여다 보았습니다. 두 사람이 본 모양이 왼쪽과 같을 때 상자 안에 있는 모양과 같은 모양을 찾아 ○표 하시오.

무슨 모양인지 알겠어.

티나

태돌

① 티나　태돌

둥근 부분과 평평한 부분이 같이 보이므로 둥근기둥 모양입니다.

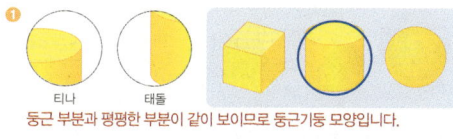

② 티나　태돌

뾰족한 부분과 평평한 부분이 보이므로 상자 모양입니다.

③ 티나　태돌

평평한 부분이 없이 둥근 부분만 보이므로 공 모양입니다.

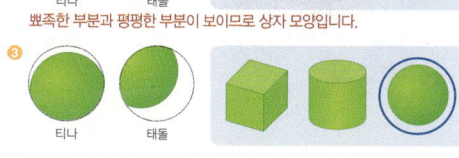

9 모양 만들기

입체 모양 블록을 사용하여 꼬마 요괴들이 만든 모양입니다. 다음 중 현우
가 쌓기만 하여 똑같이 만들 수 있는 모양은 어느 요괴가 만든 모양입니까?

멍하니 요괴

공 모양을 올리기
힘들지만
난 할 수 있지.
난 요괴니까!

난 접착제 없이도
만들 수 있어. 졸려.
다시 자야겠어.

잠만자 요괴

딴짓 요괴

너희들은 정말 잘 만든다.
나는 그냥 쌓기만 했어.

어떤 모양을
만들 수 있지?

멍하니 요괴

현우

딴짓 요괴와 잠만자 요괴가 만든 모양은 접착제 없이는 만들 수 없습니다.

다음 중 쌓기만 해서는 만들 수 없는 모양을 모두 찾아 기호를 쓰시오.

㉠, ㉡

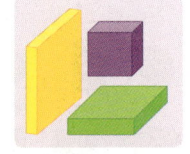 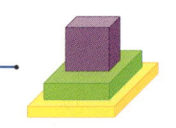

㉠   ㉡   ㉢

어떤 모양을 만들 때
계속 무너지는지
생각해 봐.

㉣

토크 포인트

입체 모양 블록으로 여러 가지 모양을 만들 때 다음 2가지를 주의합니다.
① 공 모양 블록 위에 다른 블록을 올릴 수 없습니다.
② 접착제 없이 블록을 오른쪽과 같이 놓을 수 없습니다.

입체 모양 블록

다음 입체 모양 블록을 모두 사용하여 만든 모양의 기호를 쓰시오.   ㉣

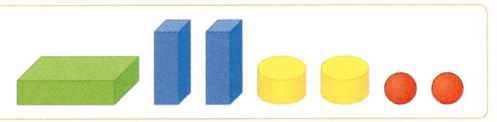

주어진 입체 블록의 종류, 개수와 만든 모양의 종류, 개수를 비교합니다.

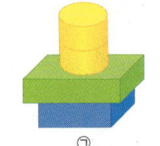

공 모양 2개를 모두 사용하지 않았습니다.
㉠

동근기둥 모양 2개를 모두 사용하지
않았습니다.
㉡

동근기둥 모양 1개와 공 모양 1개를
사용하지 않았습니다.
㉢

㉣

자~ 재밌는
모양을
만들어 볼까?

다 사용해서
뭘 만들까?

[완성된 모양]

1 주어진 블록을 모두 사용하여 만든 모양을 찾아 선으로 이으시오.

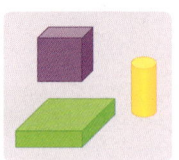 ————

 ————

[사용하지 않은 블록]

2 오른쪽 모양을 만들 때 사용하지 않은 입체 모양 블록에 모두 ×표 하시오.

보라색 상자 모양 블록 2개는 사용하지 않았습니다.

🦉 블록의 수

왼쪽 모양을 만드는 데 사용한 블록을 종류별로 세어 ☐ 안에 써넣으시오.

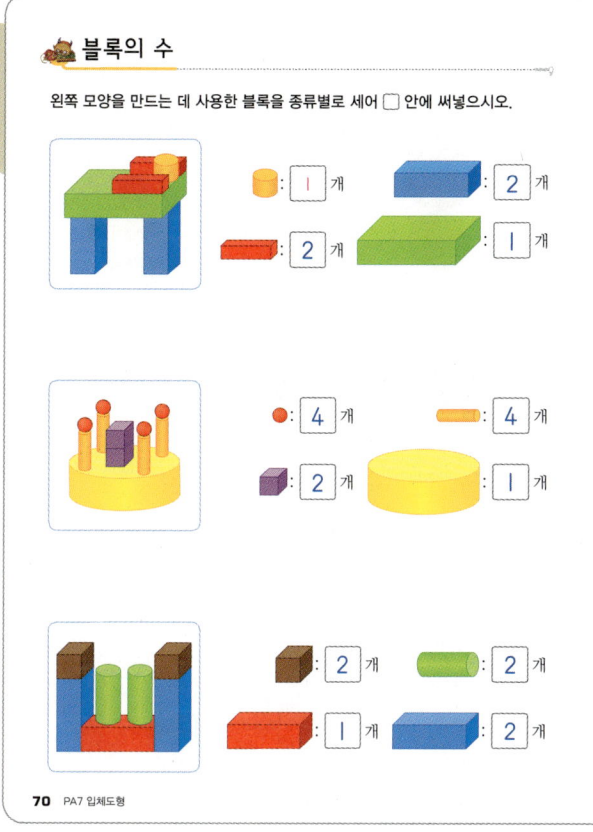

🟡 : 1 개   🟦 : 2 개

🟥 : 2 개   🟩 : 1 개

🔴 : 4 개   🟠 : 4 개

🟪 : 2 개   🟡 : 1 개

🟫 : 2 개   🟢 : 2 개

🟥 : 1 개   🟦 : 2 개

[놀이 쌓기]

1 주어진 입체 모양 블록 중 4개를 사용하여 무너지지 않게 높이 쌓으려고 합니다. 가장 높이 쌓을 수 있도록 블록을 골라 스티커로 나타내시오.

🟢 준비물 블록 스티커

예

큰 블록을 사용하면 되는거 아니야?

사용하는 블록을 어떻게 놓는지도 중요하지.

👧 창의적 문제해결력

1 주어진 모양 블록 2개씩을 접착제로 붙여서 공 모양, 상자 모양, 둥근기둥 모양을 만들려고 합니다. 짝지은 블록의 기호를 쓰시오.

㉠ ㉡ ㉢ ㉣ ㉤ ㉥

㉦ ㉧ ㉨ ㉩ ㉪ ㉫

ⓛ — ㉩   ㉢ — ㉤   ㉠ — ㉦

㉨ — ㉪   ㉣ — ㉧   ㉥ — ㉫

2 큐리와 현우가 입체 모양이 들어 있는 상자를 보고 이야기합니다. 다음 중 상자 안에 있는 입체 모양을 찾아 ◯표 하시오.

둥근 부분이 보여.

내가 본 부분은 평평해.

둥근 부분과 평평한 부분이 같이 있는 입체 모양은 둥근기둥 모양입니다.

3 다음 입체 모양 중 두 개를 사용하여 만든 모양의 그림자입니다. 사용하지 않은 모양을 찾아 ✕표 하시오.

⑩ 쌓기나무 놓기

왼쪽 모양에 쌓기나무 스티커 1장을 붙여서 오른쪽 모양을 만드시오.

🟢 준비물 쌓기나무 스티커

대체 어디에 붙여야 하는 거야.

🔵 왼쪽 모양에서 쌓기나무 1개를 옮겨서 오른쪽 모양을 만들 수 있습니다. 보기 와 같이 옮기는 쌓기나무와 옮긴 곳의 위치를 나타내시오.

보기

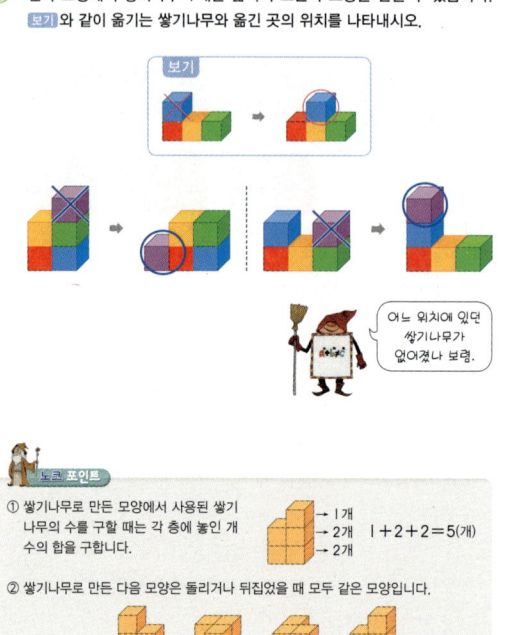

어느 위치에 있던 쌓기나무가 없어졌나 보렴.

🧙 톡톡 포인트

① 쌓기나무로 만든 모양에서 사용된 쌓기 나무의 수를 구할 때는 각 층에 놓인 개 수의 합을 구합니다.

→ 1개
→ 2개   1+2+2=5(개)
→ 2개

② 쌓기나무로 만든 다음 모양은 돌리거나 뒤집었을 때 모두 같은 모양입니다.

🐜 쌓기나무의 개수

큐리가 여러 가지 색깔 쌓기나무를 이용하여 다음과 같은 모양을 만들었습니다. 사용한 쌓기나무는 몇 개인지 알아봅시다.

내가 사용한 쌓기나무는 모두 몇 개일까?

❶ 큐리가 만든 모양을 아래부터 1층, 2층, 3층이라고 부릅니다. 1층, 2층, 3층에 있는 쌓기나무의 수를 아래 ☐ 안에 써넣으시오.

←3층   1 개
←2층   2 개
←1층   3 개

❷ ❶에서 구한 쌓기나무의 수를 더하시오.

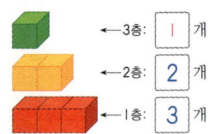

1 + 2 + 3 = 6 (개)

❸ 큐리가 사용한 쌓기나무의 수를 구하시오.   6개

[쌓기나무의 개수]
1 주머니 안에 들어 있는 쌓기나무를 모두 사용하여 만들 수 있는 모양을 찾 아 선으로 이으시오. (단, 보이지 않는 쌓기나무는 없습니다.)

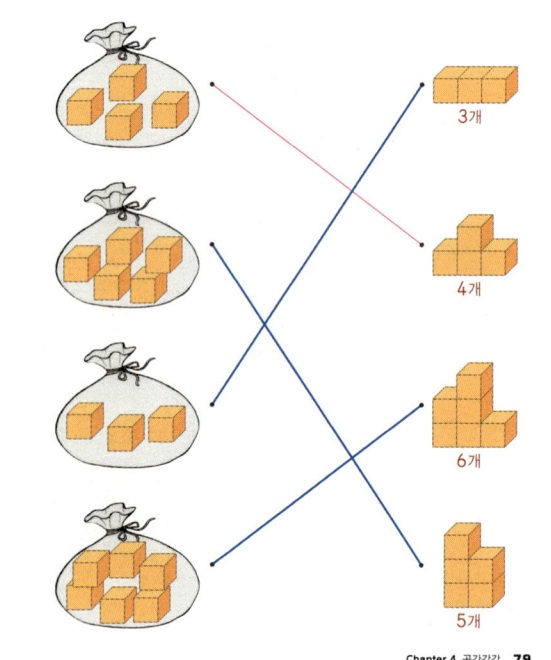

3개

4개

6개

5개

정답 및 해설   **17**

🦉 같은 모양

왼쪽은 두 가지 색깔 쌓기나무를 사용하여 만든 모양입니다. 주어진 모양과 같은 모양의 기호를 쓰시오. ⓑ

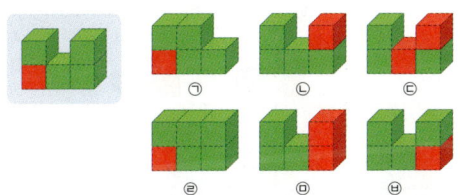

❶ 주어진 모양에서 사용한 색깔 쌓기나무의 수를 각각 써넣으시오.

 🟥 1 개   🟩 4 개

❷ 모양을 만든 색깔 쌓기나무의 수가 ❶에서 구한 것과 각각 같은 모양의 기호를 모두 쓰시오. ⓐ, ⓑ, ⓕ

❸ ❷에서 찾은 모양 중 주어진 모양을 돌렸을 때 같은 것의 기호를 쓰시오. ⓑ

[같은 모양]

1 같은 모양끼리 선으로 묶으시오.

11 색종이 접기

티나가 색종이를 접어 모양을 만들고 있습니다. 여러분도 색종이를 한 번 접어 다음 모양을 만들어 보시오.

🟢 준비물 네모 색종이

어떻게 접어야 하는 거지?

🔄 다음 색종이를 한 번 접어 만들 수 없는 모양을 찾아 ✕표 하시오.

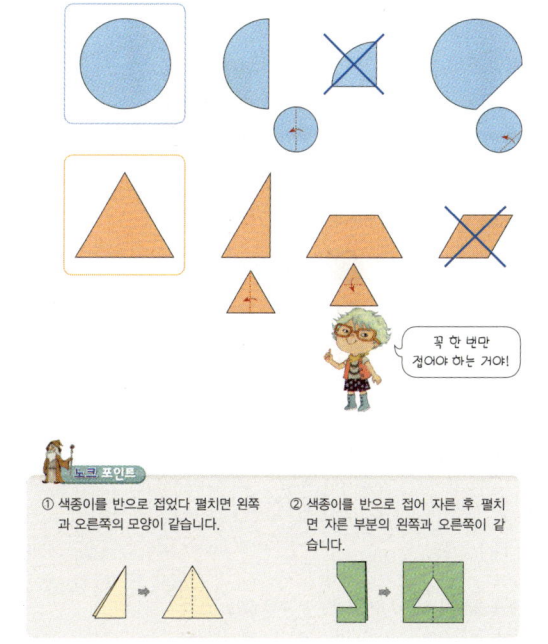

꼭 한 번만 접어야 하는 거야!

🧙 체크 포인트

① 색종이를 반으로 접었다 펼치면 왼쪽과 오른쪽의 모양이 같습니다.

② 색종이를 반으로 접어 자른 후 펼치면 자른 부분의 왼쪽과 오른쪽이 같습니다.

접은 색종이 펴기

똑같이 반으로 접은 색종이를 펼친 모양을 찾아 선으로 이으시오.

접은 모양을 펼치면 이런 모양이 나와.

└→ 접은 선

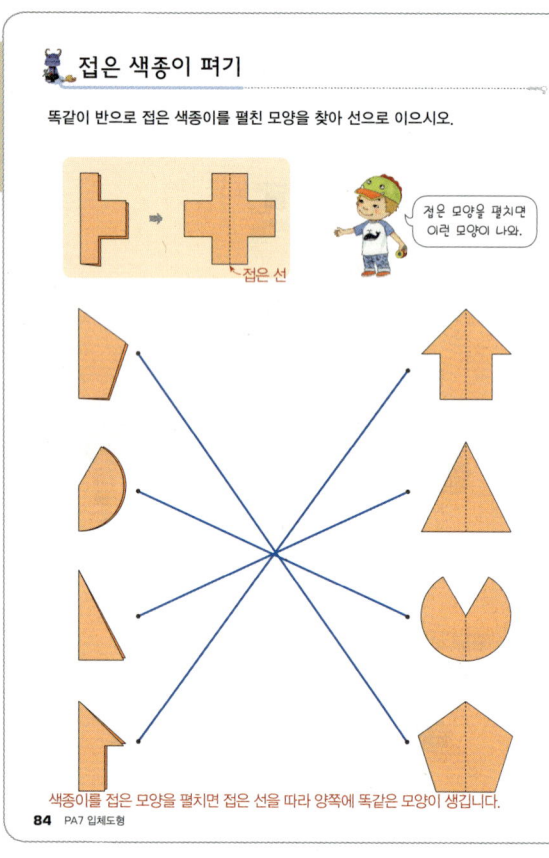

색종이를 접은 모양을 펼치면 접은 선을 따라 양쪽에 똑같은 모양이 생깁니다.

[접은 색종이]

1 접은 색종이를 펼쳤을 때 올바른 모양을 고르시오. ⓛ

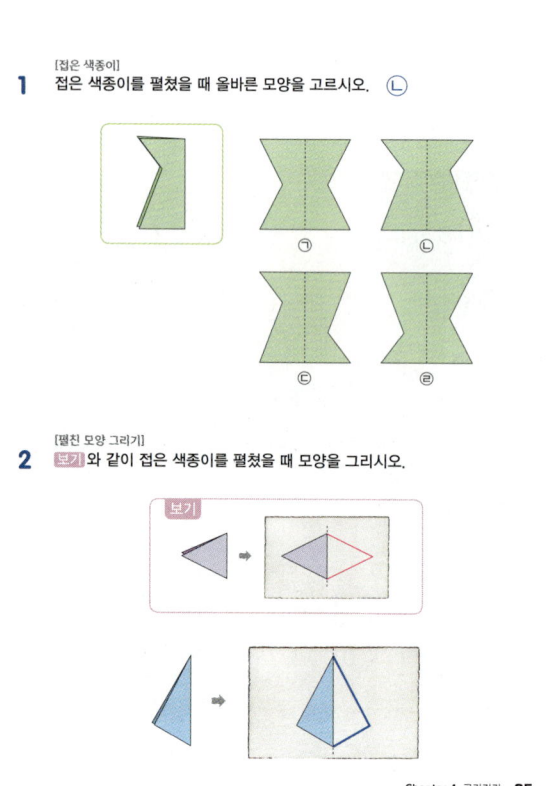

[펼친 모양 그리기]

2 보기와 같이 접은 색종이를 펼쳤을 때 모양을 그리시오.

보기

색종이 자르기

선을 따라 색종이를 자릅니다. 꼬마 요괴가 들고 있는 모양은 어떤 색종이를 자른 것인지 찾아 기호를 쓰시오.

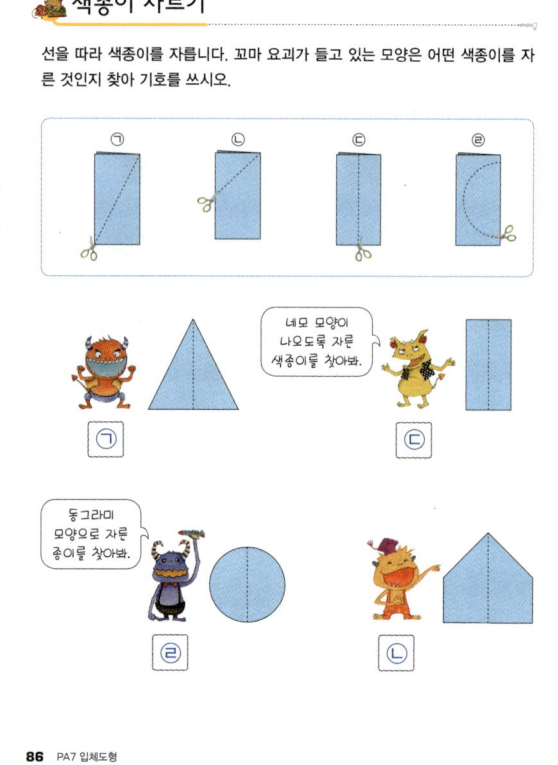

네모 모양이 나오도록 자른 색종이를 찾아봐.

동그라미 모양으로 자른 종이를 찾아봐.

[자른 색종이]

1 색종이를 반으로 접어서 잘랐을 때 모양과 펼친 모양을 선으로 이으시오.

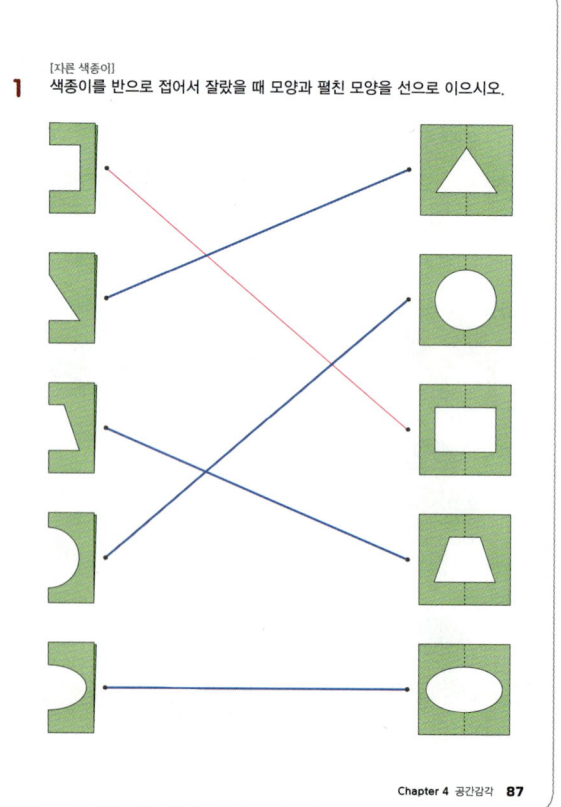

12 위, 앞, 옆

태돌, 티나, 현우, 큐리가 유치원에 가는 모습입니다. 이 모습은 친구들의 위, 앞, 옆 중 어디에서 본 모습인지 이야기하여 봅시다. **위에서 본 모습**

큐리를 3대의 카메라로 찍은 것입니다. 다음 사진은 3대의 카메라 중 어느 카메라로 찍은 것입니까?

토크 포인트

어느 방향에서 보느냐에 따라 보이는 모습이 다릅니다.

🦕 여러 방향에서 본 모양

티나가 탁자 위에 있는 물체를 바라봅니다. 티나가 본 모습을 찾아 ◯표 하시오.

[위, 앞, 옆 사진]

1 다음 물건을 화살표 방향에서 본 모습에 알맞은 스티커를 붙이시오.

위앞옆 스티커

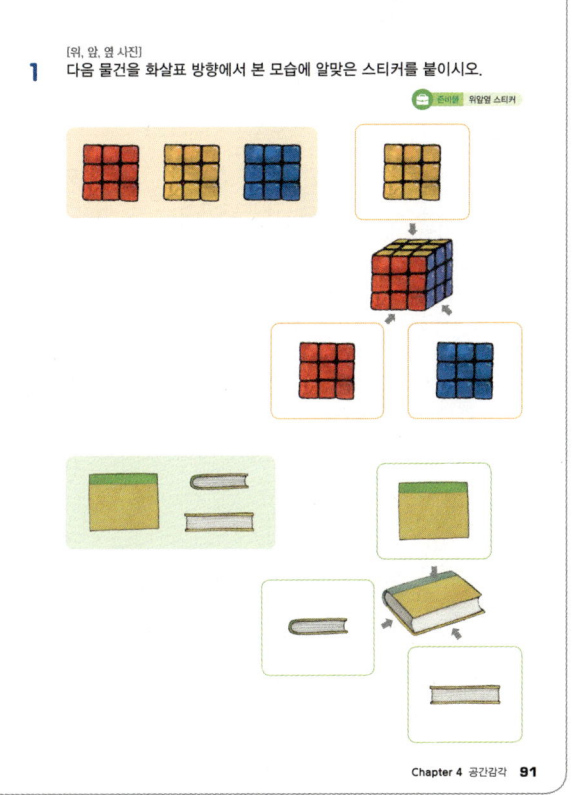

위에서 본 모양

다음은 막대에 꽂혀 있는 원반을 위에서 보고 태돌이와 현우가 그림으로 나타낸 것입니다. 태돌, 현우와 같은 방법으로 위에서 본 원반을 색칠하여 나타내시오.

[쌓기나무로 만든 모양]

1 쌓기나무로 만든 모양을 위에서 보면 다음과 같이 보입니다. 위에서 본 모양을 선을 따라 그리고 색칠하여 나타내시오.

창의적 문제해결력

1 티나가 색종이를 반으로 접고 잘라서 다음과 같은 모양을 만들었습니다. 접은 색종이 위에 자른 선을 그려 보시오.

2 쌓기나무로 만든 모양을 앞에서 본 모양을 바르게 그린 것의 기호를 쓰시오.
㉠

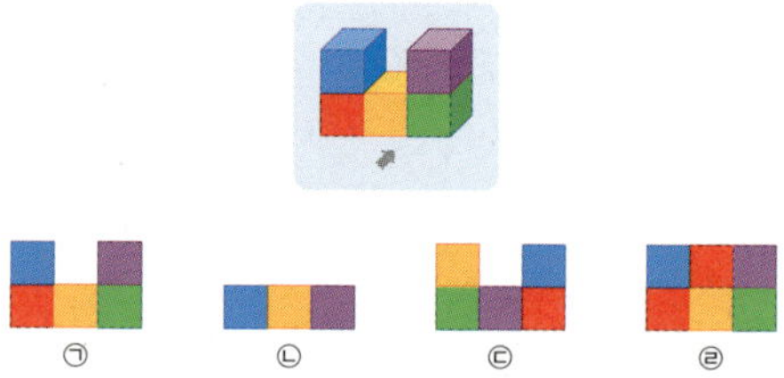

㉠   ㉡   ㉢   ㉣

3 다음 모양과 같은 개수의 쌓기나무를 사용하여 만든 모양을 찾아 ○표 하시오. (단, 보이지 않는 쌓기나무는 없습니다.)

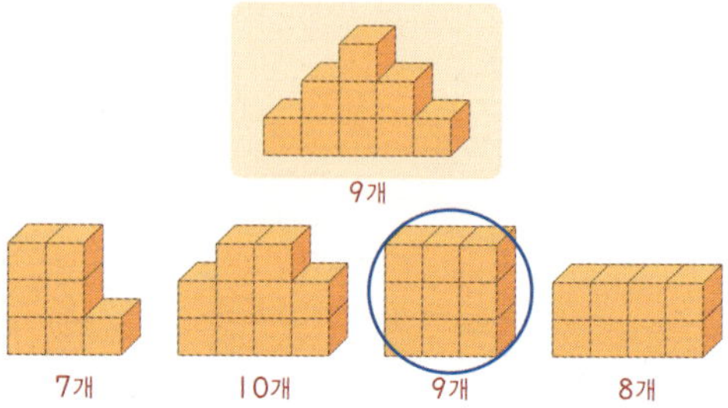

9개

7개   10개   9개   8개

정답 및 해설 **21**

MEMO

MEMO

MEMO

정답 및 해설

입체
도형

PA7

(7~8세)

누구나 쉽고 재미있게
사고력
수학
노크

12쪽에 사용하세요.

준비물 신발 스티커

15쪽에 사용하세요.

준비물 음식 스티커

15쪽에 사용하세요.

준비물 새 스티커

19쪽에 사용하세요.

 준비물 요괴 스티커

21쪽에 사용하세요.

장난 요괴   거꾸로 요괴   한입 요괴   잠만자 요괴

 준비물 보물섬 스티커

29쪽에 사용하세요.

41쪽에 사용하세요.

42쪽에 사용하세요.

45쪽에 사용하세요.

 준비물 입체 모양 스티커

63쪽에 사용하세요.

 준비물 블록 스티커

71쪽에 사용하세요.

 준비물 쌓기나무 스티커

76쪽에 사용하세요.

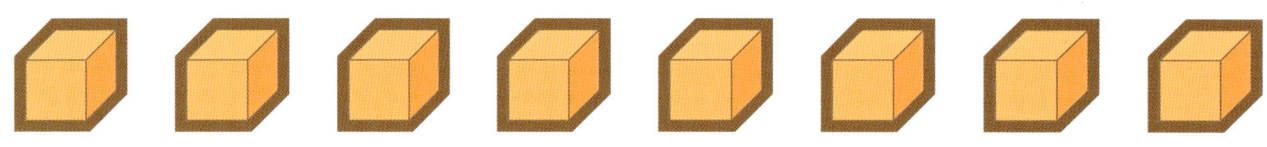

 준비물 위앞옆 스티커

91쪽에 사용하세요.